英語教育とその社会的課題

小学校英語教育を主軸に

戸谷 敦子 *Atsuko Toya*

溪水社

目　次

第1部　指導の工夫

第2部　社会的課題

初出一覧

第 1 部

第 1 章「小学校英語教育における音声指導についての予備的研究」広島
都市学園大学こども教育学部紀要第 4 巻第 1 号・2017 年 12 月

第 2 章「小学校英語の教育方法　―子ども達を効果的な学習に導く指導
について―」広島都市学園大学こども教育学部紀要第 6 巻第 1
号・2019 年 9 月

第 3 章「小学校英語の教育方法　―主体的な学びを育てるために―」広
島都市学園大学こども教育学部紀要第 7 巻第 2 号・2020 年 3 月

第 4 章「小学校外国語活動・外国語の体験的学びのために　―英語村を
活用したイマージョン教育の可能性について―」広島都市学園大
学こども教育学部紀要第 4 巻第 2 号・2018 年 3 月

第 2 部

第 5 章「社会経済的背景と学齢期の英語学力に関する予備的研究　―全
国学力・学習状況調査報告書からの示唆―」広島都市学園大学子
ども教育学部紀要第 9 巻第 1 号・2022 年 9 月

第 6 章「地方分権化後のフィンランドの教育評価に関する考察　―高い
教育水準と少ない学力格差、そして特別な支援を支える仕組みに
ついて―」広島都市学園大学紀要第 2 巻・2013 年 3 月

本書に収めた内容は、上記の 6 篇に必要に応じて加筆・修正を施したも
のである。

第1部
指導の工夫

1 小学校英語教育における音声指導についての 予備的研究

1. はじめに

　学習指導要領の改訂により小学校での英語教育は 3 年生から開始されることになった。2020 年度以降、英語教育は、大学での必修外国語の 2 年間を加えれば 12 年続くことになる。その導入期を担う小学校英語教育の役割は大きい。教員陣には語学教育に関する確かな力量が問われる。しかし、多くの学校では教科専任制ではなく、該当学年の担任が中心となって行うことから、英語が苦手な教員には戸惑いもあると思われる。特に、日本語とは異なる英語の音声の聞き取りや発音の指導には、ネイティブスピーカーでないゆえに、工夫を必要とする分野である。なぜなら大学受験、地域によっては教員採用試験で出題される英語の試験問題は文法知識や文章読解力を問うものが中心であり、小学校教員自身もそれらを主軸とした英語教育を受けてきたからである。

　本研究は、小学校英語教育における音声指導について取り上げ、その有効な教授方法としてフォニックスを用いた指導に着目し、小学校での実施の妥当性や可能性等について先行研究を援用しながら検討していく。

2. 学習指導要領のなかの「音声」指導

　この章では、学習指導要領の中で、「音声」がどのように扱われているか、また、平成 20 年告示の学習指導要領「外国語活動」と 2020 年から小

学校で全面実施された平成 29 年告示の学習指導要領の「外国語活動」及び「外国語」では、音声指導にどのような変化がみられるかについて概説する。

　文部科学省が平成 29 年 3 月に告示した学習指導要領では、小学校英語教育の大きな改訂点は、①これまで高学年で行われていた「外国語活動」は中学年からの開始となり、②高学年では正規の教育科目としての「外国語科」が導入されることである。授業時間はそれぞれ、3, 4 学年の「外国語活動」が年間 35 時間、5, 6 学年の「外国語科」が 70 時間となる。また、「小・中・高等学校一貫した学びを重視し、外国語能力の向上を図る目標を設定する」とされている。

　旧学習指導要領で 5, 6 年生に実施された「外国語活動」では、英語の音声指導について、第 2 項目である「内容」と第 3 項目の「指導計画の作成と内容の取扱い」の中で短く言及されている。「内容」では、第 2 の(1) においては、「外国語の音声やリズムに慣れ親しむ」、「日本語との違いを知り、言葉の面白さや豊かさに気付くこと」とされている。「指導計画の作成と内容の取扱い」では、もう少し具体的となり、第 1 の (6) で「音声を取り扱う場合には、ＣＤ，ＤＶＤなどの視聴覚教材を積極的に活動すること」とされ、第 2 の (1) イにおいて、「外国語でのコミュニケーションを体験させる際には、音声面を中心とし、アルファベットなど文字や単語の取扱いについては、児童の学習負担に配慮しつつ、音声によるコミュニケーションを補助するものとして用いる」とされている。要するに、小学校では英語の音声に慣れ親しむことが学習の優先事項であり、英語を母語としない日本人教員はＣＤやＤＶＤを活用し、児童に正確な英語音声に触れる機会を与えることが大切で、アルファベットや文字の学習は児童の負担にならないよう、補助的に活用すると解釈できる。

　では、それまでの高学年の外国語活動において、「音声」に慣れ親しむ成果がでていたであろうか。この点について、文部科学省は「小学校学習指導要領解説外国語編」(2017) のなかで、課題を明記している。同書の

第2章「外国語科の目標及び内容」において、「音声中心で学んだことが、中学校段階で音声から文字への学習に円滑に接続されていない」、「日本語と英語の音声の違いや英語の発音と綴りの関係、文構造の学習において問題がある」と指摘している（第2章11〜12頁）。つまり、「音声」に慣れ親しむ、日本語との違いに気付くことがまだ不十分なのか、それとも「音声」から「読むこと」、「書くこと」にうまくつなげていくことが出来ていないのか、もしくはその両方ともに問題があることが示唆される。

　では、この状況を受けて、新学習指導要領はどのような対策を打ち出しているのであろうか。まず、4章「外国語活動」では、「音声」に関する記述は、第1項目である「目標」に初めて出現し、第2項目の「各言語の目標及び内容」において短く言及されている。特記すべきは、「目標」の（1）において、「（前略）〜、日本語と外国語との音声の違い等に気が付くとともに、外国語の音声や基本的な表現に慣れ親しむようにする」となっている。新旧を比較すると、旧版では「慣れ親しむ」とともに「違いを知る」のプロセスを提示しているのに対し、新版においては、「違いに気付く」とともに「慣れ親しむ」ようにと、順番を入れ替えていることが解る。つまり、まずは音声の違い等に気づき、その違いに慣れ親しんでいくことを求めている。旧版では「アウトプット」に設定していた「気づくこと」を、音声指導の入り口に据えた事は、学習の到達目標を引き上げたと言える。

　次に、高学年対象の第2章10節「外国語」では、音声指導について更に具体的な言及が行われている。まず、第1項「目標」の最初の（1）において「外国語の音声や文字、語彙、表現、文構造、言語の働きなどについて、日本語と外国語との違いに気付き、これらの知識を理解するとともに、読むこと書くことに慣れ親しみ、聞くこと、読むこと、話すこと、書くことによる実際のコミュニケーションにおいて活用できる基礎的な技能を身につけるようにする」とする。つまり、既述の「音声から文字の学習に円滑に接続されていない」という課題に、新版では高学年で取り組む方

針が明記されている。

　では、どのように取り組むべきなのか。現場の担当教員は何に留意して「音声」に慣れ親しませるのか、その方向性や策を知りたいであろう。音声指導に関して、最も言及されている箇所は、第2項「各言語の目標及び内容等」の2の（1）のア「音声」で挙げられる5つの留意点と、同じく第2項の3の（2）のイの部分に記された指導上の配慮事項である。2つを要約すると、音声指導においては、日本語との違いに留意しながら発音練習などを通して、（ア）現代の標準的な発音、（イ）語と語の連結による音の変化、（ウ）語や句、文における基本的な強勢、（エ）文における基本的なイントネーション、（オ）文における基本的な区切り、を指導していくこと、また、音声と文字とを関連付けて指導することが求められている。音声指導に関して、「何を」「どのようにして」と現場から問いかけがあるとするなら、「何を」の部分はある程度明確であるが、「どのようにして」の外国語指導の方法論の部分は、現場の裁量に大きく任されていると言える。

　しかし、「学習指導要領」の関連文書には、豊富とは言えないものの、音声指導の留意点として、かなり具体的に言及された記述も見つけられる。学習指導要領「生きる力」Q＆A「外国語活動・外国語に関すること」（文部科学省ホームページ）の「（中学校）問11-7」に対する「答え11-7」に見られる次の内容である。

　　『（前略）～、小学校で play/pleɪ/ や thank/θæŋk/ などの音声に触れたあと、中学校では文字でどのように表すかを学ぶ際に、その両者を関連付けて指導することなどが考えられます。』

　また、既述の「小学校学習指導要領解説外国語編」の43頁には、フォニックスを思わせる次のような記述もある。

『（前略）〜、例えば 'k' や 't' が /k/ や /t/ と発音することを 'koala' や 'ten' などの簡単な語を使って音声に慣れ親しませた後、k や t で始まる思いつく単語をペアやグループで協力しながら制限時間内にできる限り多く言わせる活動などが考えられる。』

　つまり、英語（多くの児童にとっては初めての外国語）では、文字（アルファベット）の名称としての発音（/keɪ/ や /tiː/ など）とは別に、語のなかで用いられる音もあるということに気付かせる狙いであるが、この導入方法は、耳が敏感な小学生の特性が活かせる教授法である。外国語には、日本語（多くの児童にとっては母語）にはない「文字」と「音」の関係があることを「体験」することは、児童にとって新鮮で深い異文化体験になるのではないだろうか。

　この章では、「学習指導要領」における「音声」の位置づけとその変遷について概観した。小学校では、まず「音声」に慣れ親しむことが不可欠であり、その後の「読むこと」「書くこと」「話すこと」の基盤として位置づけられている。さらに、新しい学習指導要領では、日本語と英語の「音声」の違いに気づき、その上で慣れ親しんでいくことが新たに求められている。言語はコミュニケーションの単なるツールではなく、奥深い文化でもあり、英語学習は異文化学習とも言える。異文化理解がそう簡単ではないように、英語理解も容易だとは言い難いが、導入期の小学校では、児童にとって楽しく異文化への扉を開きたいものである。次章では、母語や外国語として英語を学習する国や地域で長らく採用されているフォニックスに着目し、先行研究からその有効性や妥当性、そして実践方法について検討したい。

3.　フォニックスをめぐる討議

(1) フォニックスとは

　フォニックスとは、英語で綴られた文字とその発音の間にある一定の規則性を用いて、文字の読み書きを容易にする方法である。アメリカでは、基礎教育の綴り方指導の際に用いられていたが、近年は外国からの移民のための英語教育にも援用されている。リーパー (2008) は、phonemic awareness (音素認識) 理論に基づく音声教育は、読み書きの土台をつくるという大切な役割があると論じる。英語では常に綴り通りの発音になるとは限らないが、Abbott (2000) によると、英語の綴字法については、その 75% 以上が信頼できるようなルール群が存在すると主張する。実際に日本の中学校英語教科書を用いて検証した渋谷 (2011) の研究では、教科書 6 冊のうち 3 冊以上で使用されている高頻度語の音の 80% 以上をフォニックスルールでカバーできることを明らかにしている。フォニックスを学習することは、教科書に出てくる英語を「聞くこと」、そして「読むこと」「綴ること」の手助けとなりうる。

(2) フォニックス学習の妥当性―政治経済的、発達心理的見地から―

　英語の習熟には重要な音声指導であるが、フォニックスも含む音声の学習について調査した太田 (2012) の研究では、音声指導が適切に行われていない実態が指摘されている。調査結果では、英語学習者の 87.9% が中学校において、84.8% が高等学校において音声に関する指導や音の規則性に関する授業を「受けていない」と回答している。一方で、早期英語学習のための D V D や絵本など様々な教材が販売され、幼児英語教室も盛んである。常勤のネイティブ英語教員のいる小学校もある。2020 年から小学校で評価を伴う英語教育が全面的に開始されたことで、英語教育熱は更に高まっている。英語の習熟度が、児童の家庭の社会経済的背景によって左右されることのないよう、英語能力の格差化を防ぐためにも、公立小学校で

も適切な音声指導を可能にしなければならない。

　音声指導の開始時期についてはどうであろうか。樋口ら（2005）は、外国語学習と脳の成長について論じる。こどもは9歳を境に左脳が右脳を凌いでいき大人に近づいていく、そのため外国語教育では「9歳の壁」と呼ばれる時期があり、その前と後では指導方法や教材を変化させる必要があると指摘する。個人差はあるが、それまでの直観的、本能的、秩序に無頓着な時代から、9歳以降は分析的、論理的、秩序立つ時代に入るのである。長谷川（2011）は、「9歳の壁」以降の子どもの特徴を考慮すると，歌や踊りといった楽しさ優先の活動よりも知的好奇心を喚起できる指導法が適切であると説く。9歳は小学校3年生の時期、つまり小学校の英語教育が始まる時期であり、知的な興味関心を導く指導方法をとることが求められる。

　また、言語の習得には、臨界期仮説（critical period hypotheses）（Penfield 他 1959）がある。これは、臨界期とよばれる年齢を過ぎると言語の習得が不可能になるという仮説である。DeKeyser ら（2005）は、第2言語学習能力にも臨界期があり、母語話者並みの到達には早い開始が有効と説くが、それは自然な学習（naturalistic learning）にのみ適応されると指摘する。小学校の子どもたちは、ふだんは日本語環境のなかで生活し学習している。発達段階を考慮しつつ、「音声」の識別に敏感でインプットにも柔軟な時期に、外国語音声に親しみ、母語と混乱することなく、興味深く比較・発見を楽しめることが望ましい。

　Piaget（1973）の思考発達段階説によると、小学校の7歳から12歳ぐらいまでは具体的操作期にあたり、具体的な問題について論理的に考えることが出来る。外国語学習について言えば、聞きなれない外国語音声を音素のレベルで識別するような学習は可能である。母語が定着した成人よりも、柔軟に聞き、発音してみることも可能であろう。12歳以降は形式的操作期にあたり、形式的、抽象的操作が可能になる。小学校6年生くらいだと、仮説演繹的思考ができるということで、一般原理から事象について

推測するような学習が可能になる。フォニックスのルールを学習し、そこから新出語彙の発音を推測したり、聞き取った語彙の綴りを推測したりすることも可能となる。山見（2016）は、フォニックスの指導実践から、小学校5，6年生はアルファベット文字の読み書きや、文字と音との関係を学ぶのに効果的な年齢であり、フォニックス指導に適していると報告している。

（3）フォニックス指導の実践について

フォニックスは既述のように、本来は英語を母語とする子どもたちの綴り方（spelling）指導の際に使われていた。子どもたちは学校に入る前に、すでに多くの語彙を聞き分け、それを発音（使用）できる。あとはその綴り方を学習する際にフォニックスを活用するのである。フォニックスのルールを活用すれば、文章を読むこと（reading）にも助けとなる。英語学習には大変有効な指導法であるが、日本の児童の場合、英語を外国語として学ぶので、指導上の工夫が必要である。Synthetic phonics の手法を用いた山見（2016）の例は、アルファベット表から始まり、アルファベット3文字単語カードや3文字単語のビンゴゲームを用いて、小学校5，6年生に知的に楽しくフォニックスを指導している。

英語圏でのフォニックス指導法の援用について提示する Scott ら（2018）の研究も、興味深い指針を与えてくれる。例えば、日本の音声指導では、一つの音に2〜3の例を提示しながら学習を進めることが多い。/ei/ の音についての station, brave、/k/ の音は cap, music のようにである。Scott らは Heilman（1981）の事例を更に初心者向けにアレンジすることを提言する。例えば、下記のような語彙リストを学習者に与え、Step1 から Step4 に進ませる中で、音声への発見と理解を促す方法である。まったく同じ綴り、同じ発音も、音素がひとつ加わることで、全く違う言葉になるという言葉遊びであるが、/s/ という音素を station, sky と学習するだけよりも言語感覚は広がる。聞き取りの識別にも活用でき興味

Step1: The following list will be given out to students.			
top	____top	mile	____mile
lid	____lid	wing	____wing
pot	____pot	lick	____lick
nap	____nap	nail	____nail
tar	____tar	well	____well

Step2: students read the words in the first column.

Step3: Students put "s" in all the blank.

Step4: students will read the completed words.

出所：Scott & Hayase（2018）を基に筆者作成

深い。小学生の英語テキストに出てくる単語を用いれば、6年生にも応用可能な指導法である。既述のように、小学校英語教育の現状課題として、（小学校で）音声中心で学んだことが、中学校段階で音声から文字への学習に円滑に接続されていないことが指摘されている。小学校高学年段階での手厚いフォニックス指導は、音声と綴りの関係への気づきを助け、中学校での学習に向けて有効な橋渡しになるのではと考える。

4. まとめ

本稿は、小学校での英語教育における音声指導を取り上げ、その有効な指導方法としてフォニックスに着目し、関連の文献を分析しながら、その有効性や可能性について検討した。

小学校学習指導要領（平成29年告示）「外国語活動」、「外国語」ともコミュニケーションを図る資質・能力を育成する基礎として、「音声に慣れ親しむ」ことや「音声で十分に慣れ親しんだ外国語の語彙や基本的表現」を用いることを求めている。文献からは、発達段階に合わせた指導法を工夫すれば、小学校中学年での「外国語活動」、高学年での「外国語」ともに、フォニックス指導は有効と解釈できる。

　英語学習の導入期に、フォニックスを使って、日本語と英語の音声の違いを識別でき、発音できるようになることは、その後の安定した習熟の助けになるだろう。自分で発音できる音は聞き取り易い。例え意味が分かっていても、自分で発音できない音は、聞き取りも難しい。つまるところ、母語でない英語を出来るだけ正確に発音するには、まず英語の「音素」を耳で識別できることが重要である。音声を聞き取ること、そして、音素に意識しながら、ゆっくりでも良いからできるだけ正確に発音していくことで、音素の集合体である音声に慣れ親しむことができる。音素を識別する、正確に発音する、の両方にフォニックスは活用可能である。今後は、フォニックス指導の好事例を発掘し、小学校の現場でも広く活用できるよう研究を進めていきたい。

参考文献

太田かおり（2012）日本の英語科教育における音声指導の現状：初期英語教育における音声指導の導入及びその教授法の確立を目指して．社会文化研究所紀要 69: 53-73.

渋谷玉輝（2011）早期英語教育におけるフォニックス導入の可能性．言語と文明 9: 113-123.

長谷川修治（2011）小学校英語教育における「歌・踊り・ゲーム」の研究．植草学園大学研究紀要 3（59）: 59-68.

樋口忠彦，金森強，國方太司（編）（2005）これからの小学校英語—理論と実践—．東京：研究社

文部科学省．　小学校学習指導要領「生きる力」第 4 章外国語活動（登録：平成 21 年以前）．　文部科学省ホームページ，< http://www.mext.go.jp/a_menu/shotou/new-cs/youryou/syo/gai.htm >，（参照：2018 年 3 月 6 日）

文部科学省．小学校学習指導要領（2017）文部科学省ホームページ，<http://www.mext.go.jp/component/a_menu/education/micro_detail/__icsFiles/afieldfile/2017/05/12/1384661_4_2.pdf>，（参照：2018 年 3 月 6 日）

文部科学省．　小学校学習指導要領解説外国語編（2017）文部科学省ホームページ，<http://www.mext.go.jp/component/a_menu/education/micro_detail/__icsFiles/afieldfile/2017/07/25/1387017_11_1.pdf>，（参照：2018 年 3

月6日）

リーパーすみ子（2008）アメリカの小学校ではこうやって英語を教えている．
東京：径書房

山見由紀子（2016）小学生へのフォニックス指導の有効性：小学校5，6年生へ
のフォニックス指導の実践（アクションリサーチ）．中部地区英語教育学会紀
要 45（0），251-256

Abbott, M.（2000）"Identifying reliable generalizations for spelling words: The
importance of multilevel analysis." *The Elementary School Journal* 101（2），
233-245.

DeKeyser, R., & Larson-Hall, J. "What does the critical period in second
language acquisition." In Kroll, J.F., & de Groot,A.M.B.（Eds.）（2005）
Handbook of Bilingualism: Psycholinguistic Approaches. pp88-108. New
York: Oxford University Press

Heilman, A.W.（author）, Matsuka, Y.（translation supervisor）（1981）フォ
ニックス指導の実際（Actual Teaching of Phonics）. Tokyo: Tamagawa
University

Penfield, W.; Roberts, L.（1959）*Speech and Brain Mechanisms.* Princeton:
Princeton University Press

Piaget, J.（1973）*Main trends in Psychology.* London: George Allen & Unwin

Scott, K., & Hayase, M.（2018）"Practical Application of CLT, TPR and
Phonics Theories in Conjunction with Hi, friends! 1 and Hi, friends! 2 English
Materials in Elementary School Classrooms." 三重大学教育学部研究紀要 69:
435-443.

2　小学校英語の教育方法
─子ども達を効果的な学習者に導く指導について─

1.　はじめに

　2020 年から小学校での英語教育が全面実施となった。早期英語教育への反対意見もあり、長い検討を経ての導入（岡、金森　2012）となったが、子ども達を取り巻く外国語学習の現状を鑑みると、小学校での英語教育を充実させることは喫緊の課題である。保護者の高い関心やグローバル化の進展を背景として、子どもへの英語教育需要は社会の中で益々強まっている。民間企業による子どものために英語教室は、都市部を中心に数多く展開されている。その中には、幼児期からネイティブの講師について英語を学ぶプログラムもある。また、高額な DVD 等の英語教材や通信教育も販売されている。保護者の関心度や社会経済的背景の違いによって、学習機会に早期から格差が生じることは、教育の機会均等の観点からも望ましくない。義務教育の早い段階で、英語教育が導入されるのは賢明と言える。新しい学習指導要領のもと、質の高い英語教育がすべての小学校で展開されていくことが肝要である。

　本稿は、初めて外国語を学ぶ子どものための英語教授法に焦点を当て、子どもの特性を考慮した学習方法と、効果的な英語学習者に導く方法の 2 つのトピックについて海外の先行研究を引用しながら論じる。

2. 子どもの特性を考慮した学習スタイルに関する研究

　新学習指導要領では、小学校 3 年生から「外国語活動」として週 1 時間、年間 35 時間の英語学習が始まる。5 年生からは評価をともなう教科としての「外国語科」が週 2 時間、年間 70 時間で行われる。クラスの中には、すでに塾等で英語の音声や文字に慣れ親しんでいる者もいれば、全く初めて学習する者もいるため、教室内の英語運用レベルはすでに多様であろう。ペアワークやグループワークを工夫し、教え合いながら、すべての子ども達が楽しく英語の授業に参加できる工夫が必要である。

　また、英語力の差以外にも、考慮に入れたい学習上の個人差（もしくは個性）についても教師は知っておきたい。学習スタイル理論（learning style theory）は、子どもの学習上の特徴を把握して、それぞれに適した教授法を採用することで、学習成果をあげることを提唱している。研究者達によって様々な説が提唱されているが、本稿では特に外国語学習に関連して取り上げられることの多い Barbe（1979）の VAK モデルについて言及する。

　VAK とは、Visual 、Auditory、Kinesthetic の頭文字をとった呼称で、それぞれ視覚、聴覚、運動感覚を意味している。Barbe は、子ども達の感覚の特性は大きく 3 つに分類され、その適性に合わせた学習スタイルがあると論じている。また、もっともよくある感覚（学習上の強みとなる感覚）は、視覚もしくは mixed（感覚が混ざったケース）としている。加えて、子どもの感覚の特性は、時間の経過とともに変化し、年齢が進むについて統合されると説いている。表 1 は VAK 理論を援用した Jayakumar ら（2016）の研究を基に、3 つの感覚とそれに対応した学習スタイルをまとめたものである。

　VAK に関しては、理論を支持し学習上の適正を診断する研究がある一方、VAK モデルを多用することに懐疑的な反論もある。

　筆者は当時の英語学習入門期にあたる中学校で英語を教えた経験から、

表 1　VAK に基づく学習スタイル

学習スタイル	学習方法の好み（Preference）	新しい課題（task）の際、適する学習方法
Visual learning style（視覚による学習スタイル）	見たり観察したりすることを通して学ぶことを好む、以下は参考例。 Pictures（写真や絵） Diagrams（図や表） Demonstrations（実演） Displays（表示） Handouts（印刷物） Films（映画） Flip charts, etc. （フリップチャート（説明用のための図や表が描かれた複数枚のカードが上端で綴じられている。1 枚ずつ捲りながら説明する）など）	読み物を読んだり、誰かが先行して行うのを見てから課題を行う。
Auditory learning style（聴覚による学習スタイル）	自分や他の人の話す言葉や、音、ノイズなどを聞くことを通して情報の伝達を好む。	エキスパートからの説明を聞いた後に新しい課題を行う。 電話を通しても良い。 聞いた歌のすべての歌詞を思い出してみる。
Kinesthetic learning style（運動感覚による学習スタイル）	身体的な経験を好む、以下は参考例、 Touching（接触） Feeling（感じ） Holding（抱く） Doing practical hands-on experiences（実際に体験する）	新しい課題を行う際には、進んでやってみる、挑戦する、実際にやりながら学んでいく。

出所：Jayakumar 他（2016）を基に筆者作成.

学習者の学びに向かう姿勢は多様であり、すべての学習者を授業にとり込んでいくには、個々の英語運用能力の差以外にも、性格や得意（不得意）な活動等を把握した上で、多様な学習機会を提供し体験させていくことが大切と考える。listening, speaking, reading, writing の4技能を、単一であったり組み合わせたり、個人で取り組んだりペアやグループで協力したりと、多様な学習活動を体験する中で、自分の好きな活動や得意な技能に出会う機会があると学習者の英語に向かい合うモチベーションも上がりうる。感覚の特性とそれに対応した学習活動を提示した VAK の理論は、授業計画を立てる際の参考になるであろう。

3. 良い語学学習者に導くには

　英語に限ったことではないが、学び続けることで、その教科の理解は高まり、学業成果は積みあがっていく。では、どうしたら子供たちは自ら学び続けることができるようになるのだろうか。教師は毎日の授業を充実させることとともに、その点にも留意しながら授業を仕掛けていかなければならない。子ども達を、与えられるだけでなく自らも学ぶ姿勢をもった学習者に導くことは、外国語のように習得するには長い時間のかかる教科の指導にとって特に大切な視点である。

　新しい学習指導要領で、より早期（且つ長期）になる英語教育によって、英語嫌いが増えることは防ぎたい。2015 年にベネッセが中学生を対象に行った調査では、「好きな教科・活動ランキング」で英語が第 10 位と、中学校段階での英語嫌い傾向が顕著である。英語教育が早まったことで、英語嫌いも早まってはいけない。初心者は少しずつ音声に親しみ、語彙を増やし、基本な表現を体得しつつ、さらに上のレベルに向けて英語の4技能を伸ばしていく。しかしながらその途中で、例えば母語とは異なる音声や文法の違いに戸惑い、苦手意識が生じた時に、学習者を励ますものは何だろうか。

　前章の VAK で言及した、自分の好きな（得意な）学習活動も一つの役に立つであろう。Audio learning 傾向のある子どもにとって、チャンツや英語の歌は、気分転換になるだろう。歌に合わせたジェスチャーやじゃんけんなどがあれば、Kinesthetic learning 傾向の子どもにとっては、うれしい時間である。本好きや Visual learning 傾向の子どもは、英語絵本の読み聞かせによるエキゾチックな世界観で魅了されるかもしれない。そしてそれ以上に、学習者自身が、自分にとって効果的な学習の仕方を身につけていることが大切である。苦手意識が生じた時や、なかなかレベルアップできないプラトー期（学習の伸び悩み期）に突き当たった時、めげずに勉強し続けるには、自分自身が学習に向かうための動機付けや効果的な学習方法を知っていることが助けになる。教師は日々の授業を通して、この力も育てていくことが望ましい。

　この分野に関して、Moon（2006）は興味深い示唆を与えてくれる。以下からは、Moon の論考を引用しながら考えていきたい。

（1）教師の視点から見る「良い語学学習者」

　Moon は、子ども達をより効果的な学習者に導くには、まず教師自身が効果的な学習者もしくは教育者とは何かについて理解していないと難しいとする。そこでまず、教師の目からみた successful language learners（成功している、または上出来の語学学習者）とはどのような子ども達か、その特徴について考えることを勧める（例えば、担当するクラスの上位 2 名を思い浮かべ、その特徴（成功の秘訣）について考えるなど）。

　クラスの中の子ども達の特徴は多様である。素早く教師の問いかけに反応し発言も多い子ども、おとなしく控えめだがよく観察し理解している子ども、恥ずかしがり屋で何も言わない子どもと多様である。そして、学期の終わりには顕著な学習成果を示す子ども達がおり、それほどでもない子ども達もいる。成功している子ども達を見て、何が効果的な学習者足ることを支えているのかを特定することができるか、と Moon は問いかける。

　結論として、Moon は成功した語学学習者の特徴（や個性）は多様であると論じる。積極的な子ども達の多くが必然的にいつも成功した語学学習になるわけではなく、おとなしい子ども達もまた成功している。最も発言の多い子どもは教師達の注目を得やすいが、いつも最も効果的な学習者というわけではない。子ども達は他のクラスメートがどのように学習しているかを知ることで恩恵をうけているかもしれず、そうすることで彼らは外国語学習の方法には自分とは違ったやり方があることを理解するのだと論じる。

　成功している学習者をよく観察すると、かれらを他の学習者から顕著に際立たせるものは、性格や個性的な特徴の差異ではなく、自分で学習方法を柔軟に使う（操る）ことのできる能力であると Moon は主張する。

（2）子ども達の視点から見る「良い語学学習者」

　子ども達は成功する語学学習者についてどのようなイメージを持っているだろうか。教師は教育観や指導目標をもって教育活動を行っている。一方で、子ども達自身もかれらなりの学習観（もしくは学習者観）をもって日々勉強に取り組んでいる。勉強に向かう際、語学学習者としての自分に肯定的なイメージがある場合と、否定的なイメージがある場合では、学習効果に影響が出るのではないだろうか。

　Moon は聞き取り調査の結果から、子どもによって「良い語学学習者」のイメージが違うことを示す。例えば、同じ教室内であっても、ある子どもは、「どんなタイプの子どもでも「良い語学学習者」になりえる」と答え、別の子どもは、「恥ずかしがるタイプでは困難だ」、と答える。後者の場合、もし本人がそのタイプならば、自身の学習者観によって語学学習では成功できないと思うかもしれない。教師は子ども達の学習者観を見出したら、それについて彼らと話し合うことを通して、語学学習の本来の展望を持たせ、努力が成功につながることをわからせることができるだろうと勧めている。

　次に、年齢別の学習観の違いを示し、発達段階によって生じるその違い（学習観の発達）をどのように教授方法に活かすのかについての示唆も興味深い。表2は「英語を習得するために何をしますか?」に対する3つの年代グループの返答を Moon がまとめたものである。表にあるように、7歳児、10歳児グループとも教室での学びを中心とした学習観であるが、多様で楽しい活動を連想する7歳児に比べると、10歳児は努力を伴う真剣な学びである。一方、教室外に目を向けた外国旅行をあげた子どももいる。13歳児グループも教室での学びと関連しているが、映画や歌といった教室外での学びがさらに増えている。これらの結果から、Moon は年齢が上がるにしたがって、子ども達は教室から外の世界に学習観を広げることを指摘している。語学学習は教室だけでなく、自宅や旅先でも機会はありえる。Moon は、インドネシア人の教師が子どもの頃、鏡に映った自分を相手に英語会話を練習していた例を挙げ、学校外での様々な学びの機会に目を向けるよう子ども達を励ますことで、彼らをより自立した語学学習者に導くことが出来ると論じる。

表2　英語を習得するために何をするか

13歳児グループ	10歳児グループ	7歳児グループ
自宅で練習する	練習する	ゲームや歌
歌	勉強する	本
練習問題集	授業で集中する	お話し
本を読む	努力する	遊ぶ
テープを聞く	宿題をやる	ペーパーワーク
映画を見る	毎日少し文章を訳す	先生
	外国を旅行する	書く
		読む
		ビデオやテレビ

出所：Moon（2006）を基に筆者作成，p 165.

（3）学習方法を学習するには

　課題学習に困難を抱える子どもに尋ねると、「なんだかよくわからない」、「どこがわからないのかよくわからない」といった答えが返ってくる時がある。これは子ども自身がどこで躓いたのか、どうやったらわかるようになるのか、よくわからないという状況を意味している。学習過程で道に迷ったら、子ども達はどうしたら良いだろうか。座り込んでいては出口にたどり着けない。人に尋ねたり歩き回ったりと、迷いながらも色々試してみるうちに、なんとか出口にたどり着くことができるだろう。語学学習もまた同様に、試行錯誤を繰り返していく過程で学び取り、上達していくことができる。子ども達自身が、自分なりの学習方法を見出していくために、教師はどのような点に注意したら良いだろうか。

　Moon は、効果的な学習者になるためには、子ども達は自身の学習について自覚する必要があると説く。まず、子ども達が自分の行動を一歩下がって客観的に見ることができること、そして自分の学習について自覚することで、自分の学習方法を変え、コントロールし管理できるようになると説く。また、何が自分の学習を助けてくれるのかについても自覚する必要があるとする。そのためには、教師は子ども達が次の4つの点について自問するよう導き、支援する必要があると主張する。

1. 自分の学習方法は何か、それはどれくらい効果的か。
2. なぜ学んでいるのか。ゴールに到達するための学習計画は何か。
3. 自分の学習方法の感じ（調子）はどうか。時間やスキルを最適に使っているか。
4. 自分自身の学びの評価はどうか。適切な改善策は何か。

　Moon は、子ども達が自分で学習方法を調整できる力が身につくように、教師が計画立てて導くことが大切であると説く。学習方法をモデル化したりして、子ども達にも分かりやすく伝えることが必要である。Moon は、少数の子ども達は自分で気付き、学びをコントロールできるようになるが、大多数の子どもはそうではない、しかし、教師や大人がサポートし

てやることで、どの子どもも学びを自覚しコントロールできるようになると論じる。

4.　おわりに

　本稿では、海外の先行研究を引用しながら、小学校での英語教育を通して、子ども達を効果的な学習者に導く方法について検討した。教室内の子ども達の個性や英語に向かう姿勢は多様である。教師はその多様性を把握し、授業に活かすことが求められる。学習スタイル論の VAK モデルによる視覚、聴覚、運動感覚の 3 つの感覚とそれに適した指導方法の提唱は、子ども達それぞれの特性を網羅した授業活動を計画する際に参考になるであろう。

　子ども達が語学学習で上達するには、目標をもって自分で学習計画を立てたり、自分の学習方法を改善したりできることが肝要であるが、Moon が指摘するように、多くの子ども達にとって、そのような自立した学習者になるには教師のサポートが必要である。

　英語学習は異文化理解への扉であり、子ども達は外国語の音声や文字を学ぶことで異文化に触れ、2 つの文化を比較することで自文化への理解を更に深めることができる。また、言語知識だけではなく、英語での自己紹介や対話などを通して、教室内のクラスメートたちもまた自分とは異なる考えや文化をもつ存在であることに改めて気付くことができる。学習観についても同様に、クラスメートのコミュニケーションの取り方や学び方の自分との違いに気付き、それを自分の英語や学習方法に活かすことができれば、英語の授業での学びの効用は高まる。教師は、子ども達に学習の仕方についても学ばせることに留意しつつ授業をデザインしていくことが肝要であろう。

参考文献

岡秀夫、金森強（2012）小学校外国語活動の進め方．東京：成美堂．16頁

ベネッセ教育総合研究所（2016）第5回学習基本調査 DATA BOOK 2015.
https://berd.benesse.jp/up_images/research/5kihonchousa_datebook2015_all.pdf（参照：2019年7月1日）

Barbe, W. B.; Swassing, R. H.; Milone, M. N. (1979). *Teaching through modality strengths: concepts and practices.* Columbus, Ohio: Zaner-Bloser.

Jayakumar, N.; Suresn, A.; Sundaramari, M.; Prathap, D. P. (2016) "Understanding Learning Style Variations among Undergraduate Students." *Journal of Extension Education* Vol.28 No. 4. p5727-5734.

Krätzig, G. P.; Arbuthnott, K D. (2006). "Perceptual learning style and learning proficiency: a test of the hypothesis." *Journal of Educational Psychology.* 98 (1): 238-246.

Moon, J. (2005) *Children Learning English (MacMillan Books for Teachers).* London：MacMillan.

Sharp, J. G.; Bowker, R.; Byrne, J. (2008). "VAK or VAK-uous?: towards the trivialisation of learning and the death of scholarship." *Research Papers in Education.* 23 (3): 293-314.

3　小学校英語の教育方法
―主体的な学びを育てるために―

1.　はじめに

　2020 年 4 月からそれまで小学校 5，6 年生を対象としていた外国語活動が 3，4 年生に前倒しとなり、5，6 年生では成績評価を伴う教育科目としての英語の授業が行われている。母語とは異なる言葉を学ぶことで、言語の面白さに気づき、広い世界に目を開くような豊かな学びを期待したい。

　しかし、これまでの英語教育についてはその結果に課題が指摘されてきた。第 2 期教育振興基本計画（平成 25〜29 年度）（文部科学省　2013）では、中学校卒業段階で英検 3 級以上、高校卒業段階で英検準 2 級から 2 級以上の生徒の割合を 50％とする成果指標が設定されたが、2017 年に全国の高校 3 年生約 6 万人を対象として実施された英語力調査の結果（文部科学省　2018）では英語 4 技能すべてにおいて達していなかった。結果で明らかになったのは、CEFR[1]（ヨーロッパ言語共通参照枠）の A 2 レベル以上（準 2 級以上相当）の生徒の割合は、「聞くこと（33.6％）」「話すこと（12.9％）」「読むこと（33.5％）」「書くこと（19.7％）」と低く、特に「話すこと」と「書くこと」は、無得点者もそれぞれ 18.8％と 15.1％であった。

　一方、鳥飼（2014）が指摘するように、学校での授業のみで外国語をマスターするのは難しい。鳥飼は、米国国務省 FSI（US Department of State, The Foreign Service Institute）による外国語学習の難易度のランク分けで日本語が「英語母語話者にとってかなり難しい」カテゴリーに設定されており、日本の学校現場での英語授業時間数は、FSI が「集中訓練」

に必要とする時間数の半分にも満たないことを指摘している。

　新しい指導要領によって英語教育のスタートは早められたが、限られた時間数の中で第2期教育振興基本計画の目指す成果を達成することは容易ではないであろう。子ども達が母語とは異なる言語や文化に興味関心を持ち、主体的に学びを発展させていくためには、教師は授業で英語の知識を教えるとともに、外国語の学習の仕方についても学習させ、自立した英語話者へと伸びていくために必要なスキルを教えることが大切である。本稿は、国内外の実践事例の中から、主体的な学びを育てる好事例について紹介することを目的とした。

2. Moon による「学習の仕方を学ばせる」実践について

　Moon（2005）は、著書 Children Learning English の中で学習の仕方を学習させるために、授業運営など自分たちが受ける授業についての児童の気づきを高めることが重要であると説いている。児童が毎日の学習活動に慣れ親しむことが大事であり、それは学ぶ楽しみに大きな違いをもたらすとする。以下に、Moon の提唱する活動例を紹介する。

（1）絵表示（ピクチャーシンボル）を使った学習活動で児童の「気付きを高める」
① 授業で使う絵表示を決める。
教科書で紹介される学習活動を示すピクチャーシンボルがあれば、それらを活用する。もし教科書にない場合は、シンプルな絵表示を考案すると良い。例えば、下の表1は、文部科学省作成の「新学習指導要領対応 Let's Try! 1」に使用されているピクチャーシンボルの内容例である。教科書に模した色や字体でカードを作成し、黒板に貼ったり、手で表示したりして授業に使うこともできる。

表 1 「Let's Try 1」の絵表示の内容例

Let's Listen	→「聞いてみよう」	Let's Chant ♪	→「リズムに合わせて言ってみよう」
Let's Watch and Think	→「えいぞうを見て考えよう」	Let's Sing	→「英語で歌おう」
Let's Play	→「ゲームをしよう」	Activity	→「考えや気もちをつたえ合おう」

出典：文部科学省（2017）「新学習指導要領対応 Let's Try! 1」目次頁より

② ピクチャーシンボルについて児童に考えさせる。

ピクチャーシンボルを児童に見せて何を意味しているかを話し合わせる。以下は想定される会話の例である。

　　T（教師）：（子どもの耳の絵を見せ）これは何ですか？

　　S（児童）：耳です。

　　T：そうですね。みなさん耳で何をしますか？

　　S：聞きます。

　　T：その通り。これは何ですか？（子どもの書いた絵を見せる）

　　S：絵です。

　　T：そう、絵が描かれています。今日は皆さんに聞いてから書いてもらいます。

③ 実際に活動を行う。

例：児童は教師の説明を聞いて、風船を描くなど。

④ ピクチャーシンボルの復習をする。

最後に、ピクチャーシンボルを見せて児童に今日やった活動を思い出させる。

⑤ ピクチャーシンボルを思い出させる。

次に「聞いて書いてみよう」を行うときは、シンボルを見せてから児童に今日は何の活動をするのかを尋ねる。

⑥　ピクチャーシンボルを定着させる。

児童が授業で行った活動を表すピクチャーシンボルを指で差し示したり絵に描くことで、教師に伝える活動を数週間行った後、教師はそのシンボルを壁に貼って授業でいつも使えるようにする。

⑦　ピクチャーシンボルを増やしていく。

教科書のその他のピクチャーシンボルや、別途用意したピクチャーシンボルを児童に紹介していく。

⑧　ピクチャーシンボルを発展させていく。

児童がこれから授業でどんな活動をするかについてのアイデアを話すことに慣れてきたら、教科書の活動でピクチャーシンボルの無い活動（例：読み聞かせなど）について、児童に見つけさせたり、自分でそのピクチャーシンボルを描かせたりする。学年の高い児童は、いくつかの面白いシンボルを考案するかもしれない。

⑨　ピクチャーシンボルを使って児童が授業づくりに参加する。

その後、週に１回は児童達が自分たちで行いたい活動を選ぶ授業を持つ。児童は各グループ１つずつ活動を選ぶ。このように、非常にシンプルな方法で児童が彼らの学びを管理運営することに参加していくようになる。

（2）strategy について児童の気づきを高める

　Moon は、児童は授業の中であまり意識することなしに様々な活動を行っている、例えば、クロスワードパズルを完成させたり、空欄をうめたりする時も、かれらの関心は活動そのものか、そのアウトプットに置かれていると指摘する。そこで、学習の仕方を学びながら学びを更に色々と発展させていくには、児童ら自身がどのように学習課題をやり遂げているのか、その strategy（戦略、方略）について気付く必要があると主張する。もしこれを他の児童達と分かち合うことが出来れば、strategy の幅を広げることが出来るからである。

　著書では、Wall dictionary（壁の辞書）を使った授業例で、strategy に

ついての気づきを高める方法を示唆している。対象は8〜9歳の児童で、Wall dictionary を使って辞書の引き方を学ばせる工夫である。Wall dictionary は児童が既に習った単語から出来ており、目で認識したり、ライティングで使用したりするために作られている。児童が新しい単語を習ったら、壁の辞書に加えられ、アルファベット順に単語を置くことは児童は学習済みである。Moon は、授業を構成する際に、①教師のねらいは何か、②児童になぜその活動をするのかをきちんとわからせているか、③どのような strategy がその活動を進行する上で必要かについて、児童の気づきを高めているか、の3点が重要であるとする。以下は、その Moon の実践例を訳したものである。

（教師は児童を Wall dictionary の近くに半円形の形で座らせる。）

T：今から何をすると思う？

S 1：辞書です。

T：そう、良い勘ですね。今日は Wall dictionary の使い方について学習します。

T：私達は今、魔女と猫の物語を書いていますね。でも、魔女（witch）をどう綴れば良いかわからない場合、どうしたら良いですか？

S 2：w-i-t-

T：素晴らしいです、チャンドラ。あなたは綴れますね。でも他の人は綴れないかも。たぶん、まわりにあなたみたいに助けてくれる人が誰もいないなら、わたしはどうしたらよいかしら。

S（複数）：辞書を見ます。

T：そうですね。単語をどう綴ればいいかわからない時、辞書を使うとわかります。では、探すのを手伝ってください。私はどこを見ればよいですか？

S（複数）：そこそこ。（Wの場所を指差しながら）

T：どこを見れば良いか、どうやったらわかるでしょうか？

Ｓ３：最初の文字を見つけるの。

Ｔ：そうですね、良いスタートです。Witch の最初の文字は何ですか。

Ｓ（複数）：W。

Ｔ：はい、それでは、どこに行って文字を見つけられる？

Ｓ１：あそこにWの文字が。（児童は Wall dictionary を指差す）

Ｔ：はい、手伝ってください。どうすればいいのか見せて。（児童はW の欄に行き、文字を指し示す。）

Ｔ：ありがとう。彼はどうやってみつけたの？Wの欄にはたくさん単語 がありますよ。

Ｓ１：２番目の文字がiだから、wi のところまでリストを下がっていき ました。それで見つけたのです。

Ｔ：上出来ですね。なぜ辞書の中で単語はこんな特別な順番に置かれて いるのでしょうか。

Ｓ（複数）：簡単に単語を見つけるためです。

Ｔ：そうですね。その方が早いですね。もっと他の例もやってみます か？あなた達が単語の見つけ方を教えて下さいね。

（いくつか他の文字でも行った後、教師は書く課題を与える。）

Ｔ：では、いまから皆さんのお話の続きを書いて下さい。もし、綴れな い単語があったら、どうすれば良いですか。チャンドラ？

Ｓ２：辞書を使います。

Ｔ：そうですね。でも、なぜそうした方が良いのでしょうか？

Ｓ：他のクラスメートや先生を邪魔しないからです。

Ｔ：はい、辞書をつかうことは、あなた自身で課題をやる方法を学ぶ助 けになりますね、自立した学習者になるためにね。

　Moon が授業を構成する際に重要とする３点について検討してみる。ま ず、「教師のねらい」は Wall dictionary を通して辞書の引き方を学ばせる ことである。次に、「なぜその活動をするのか児童に分からせる」ために、 教師は、児童が自ら理解し解決できるような場面を作り、対話を通して児

童達から答えを導き出している。その上で、すべての児童達に「はい、そうですね。単語をどう綴ればいいかわからない時、辞書をつかうとわかります。」と活動の目的を改めて強調している。また、「strategy についての児童の気づきを高める」については、児童達との対話（例：では、探すのを手伝ってください。私はどこを見ればよいですか？どこを見れば良いか、どうやったらわかるでしょうか？等）と活動を通して、辞書を使う時、人が無意識的にとっているプロセスを具体化・明確化し、その strategy について児童が気付くよう支援している。

　Moon は、児童に何をするかを伝える際に大切なのはただ教えるのではなく、教師のサポートを受けつつ児童自らがやるべき課題をやり遂げることであると主張する。上の事例は、教師は最近行っている story writing（物語を書く作業）の延長として進めているが、実際、児童はこのライティングの際に文字を綴ることに助けを必要としており、辞書を使う必要がある。これが活動に現実的な意義深さを与え、児童の参加を促進し、理解を深め覚えることにつながると説く。教師に導かれながら、子ども達はどうやって辞書をひくのかについて話し、実際に壁の辞書を使って活動を行う、そして辞書を使う理由についても考えている。Moon は、初期にはプロセスを明確化してやる必要があり、児童が理解し練習することで最終的にはそのプロセスを内在化できると主張する。また、関連の活動をするときは、児童が出来る適切な課題や方法を、頻繁に思い出させる必要があること、そうすることで、児童は strategy を新しい状況（課題・作業）に発展させていくと述べている。

　また、Moon は教える際の使用言語について厳格さは要求していない。児童の理解に合わせて母語を使っても良く、それが辞書の引き方の学習や他の活動を効果的に行うことを助けるのなら時間の浪費ではなく児童の将来への投資だと述べている。

3.　Hoskins による Recycle の重要性と音声指導の試み
　―自分自身で学習していくために必要な能力を身につける―

(1) Recycling の重要性について

　Hoskins（2014）は、児童の外国語学習について、recycling（繰り返すこと），reinforcing（補強すること），building（構築すること）の重要性を説いている。また、counter-intuitive（反直観的）に聞こえるだろうがとしながら、"Teach less to help young learners learn more"，教えることを少なくして、児童達にたくさん学ばせることが大切だと主張する。

　Hoskins は、教師は保護者や管理職を満足させるため、児童に語彙や文法などたくさんのことを教えるプレッシャーを感じており、教科書を速やかに進めることが成功の目安になっていると指摘する。しかし、児童達が素晴らしい進歩を見せるクラスでは、新しい言葉の紹介は比較的少なく、教師は既に習った言語を活発に繰り返し、授業時間のほとんどの時間を新しい言葉と慣れ親しんだ言葉の両方を繰り返し使うことに費やしているとする。

　もし教師が授業の大半を、教科書を開いて言語学的な説明に費やしても、児童達は次の時間にはほとんど覚えていないであろうし、結果として同じことを何度も教えることになってあまり進歩はない。反対に、教師が授業の中で言葉の recycle（繰り返し）を行う時、知っている言葉をどのように使えば、まだ知らない言葉を表現することができるのかを教師は児童達に示すことができる。それは、熟達した英語話者が使う最も重要な能力のひとつなのだと指摘する。

　Hoskins は、教師は児童に必要となる英語のすべてを教えることは出来ない、だからこそ児童が自分自身で学習していくために必要な能力をしっかり身につけられるように教えて行かなければならないと強調する。それを形作る最も簡単な方法の1つは慣れ親しんだ文脈の中で新しい言葉を紹介することで、それは別の見方をすれば、児童が習得するために時間を費

やした言葉の価値を最大限に利用することだと指摘する。

　慣れ親しんだ単語やフレーズを使って新しい単語を紹介することで、児童の学習を助ける方法例として、Hoskins（2011）は執筆した教科書 Let's Go を紹介している。あるページには 4 つの単語（a CD, a video game, a cell phone, a computer）とそれぞれの複数形（CDs, video games, cell phones, computers）が上段に、下段にはそれらを含んだ会話（"What's this?" "It's a CD." "What are these?" "They're CDs."）がイラストとともに記載されている。この内容をもし recycling なしで教えるならば、児童にとっては 8 つの新出単語と 2 対の対話文という厚みのあるレッスンである。しかし、言葉の recycling を取り入れることで、レッスンは学習しやすいものになる。例えば、児童が既に複数形というコンセプトを習っており、複数形の＿ s は単語の後ろに加えることを知っているならば、ただそれを思い出すだけで、再度学習する必要はなく、それは言語修得の負荷を 4 つの新出単語（及びその複数形）に減少させると説明する。また、"What's this?", "It's 〜" が既に児童達にとって親しみのあるパターンであれば recycling することで、複数形を扱う新しいパターン（"What are these?"）を理解するのは、小さなステップですむ。新しく教える言葉の量を抑えることで、既に学習した言葉を練習する時間を多く持つことも重要な点にあげている。疑問文や回答文を使ったり、興味関心のあるトピックについて対話文を作ったりするのは、言葉を自分のものにしていく作業であり、自分で書いた文や（例："This is my bedroom. These are my CDs."）、クラスメートが書いた文を読むことで、言葉は児童が語りたいことを伝えるための道具となり、何度も recycling することで忘れないようになると重要さを説いている。

　(2)　音声指導について

　Hoskins は日本人児童へのフォニックス指導について有意義なアドバイスをしている。以下では、①効果的なプログラム、②時間配分、③教科書

の3点について紹介したい。

① 日本人児童への効果的なプログラムとは

　フォニックスの目的とはシンボルを単語の音と結びつけることである。一定のパターンで発音されるフォニックスワードと the, a, is, are などのサイトワード（sight words：フォニックスのような規則性がない単語）の組み合わせで、児童はある程度自立的に読み始めることができる。英語圏の子ども達がフォニックスを習い始める時期にはすでに 2,500 から 5,000 語を知っているが、外国語として英語を習う児童の場合、語彙力は遥かに少ない。よって、フォニックスのパターンを教える際は、彼らがすでに発音したことのある単語を使うことが大変重要である。例えば、児童が長母音 A/ei/ に対応する綴りは a_e であることを習う時、彼らがすでに習った cake, game, make などの単語を使うと良いし、児童らが教科書の中で、そのパターンにあった単語を見つけられることを確認するのも良いと説く。そのようにして、見慣れないが発音できそうな単語にフォニックスのルールを当てはめ、発音していく勇気を養うことを勧めている。1回の授業につき一つの新しい学びに集中できることが、児童にとって最も効果的な学習になるとし、新しいフォニックスのパターンを紹介するために新出単語を使い、その音声と意味も同時に学ばせるのは、児童にとって重荷であり長期的には効果的な学びとならないといさめている。

② 理想的な時間配分とは

　理想的には毎時間読み方指導ができれば良いが、授業の時間数などの制約によっては、1週間に1度ないし1か月に1度集中的にフォニックスのスキルの授業を行っても良い。読み方指導は他の活動と組み合わせて行うことも可能である。例えば、歌やチャンツの中に、ある単語が何回出てきたか数えさせたりすることで、スキャニング（文章を素早く読むこと）のスキルを鍛え、単語を特定する際（文字間の）スペースが助けになることを確認できたりする。また、「宝探し」として、特定の音で始まる単語を見つけたり、カードに単語を書いて児童にはそれらの単語カードを絵カー

ドを組み合わせて一文をつくる練習をすることもできる。

③　教科書の使い方

　日本の英語教科書に載っている語彙を使ってフォニックスを教えていくことは、フォニックスの導入が組み込まれている教科書よりは困難かもしれないが可能であると述べている。児童が習っている教科書の単語を見て、フォニックスのパターンのある単語を見つけ出す。もし、cat, bat, map のような単語があれば、児童がその単語と意味を学んだ後に、それらを使って短い /a/ の音を教えることができる。レッスンの中で単語を見て、最初と最後の音を識別できるよう手助けすると良い。サイト・リーディング（即読）のスキルをつけるために、レッスンで繰り返して歌う歌やチャンツの歌詞を使うのも良い。音声を文脈（文字の前後関係）の中で教えること、読み方を文脈（センテンスの前後関係）のなかですることが、最も有効な授業時間の使い方である。

　Hoskins は、児童が自分自身で学習していくために必要な能力を身につけさせることが重要であること、そのためには教師がどれだけたくさん授業で教えたかではなく、児童が学習したことを使ってどれだけのことができるのかを見ることが重要であることを強調している。

4.　体験を通した学びで興味関心を育てる
　　— Teachers Learning with Children より—

　従来の英語教育とは視点を変えた教育方法についても紹介したい。O'Loughlin（2009）の実践報告は、writing の初期指導の弱点を指摘し、児童達の興味関心を喚起するような楽しく体験的な指導方法について示唆に富んだ提案をしている。日本では決められた書き順で正確に書くことを覚える漢字指導に影響され、英語の writing でも丁寧さと完璧さを求めた書き写しが繰り返される傾向があり、入門期の児童の英語学習意欲を減じうる懸念を指摘している。そこで O'loughlin は、児童の感覚を刺激し、

「やりたい」と導くよう練習を工夫することを提唱する。例えば、身近な材料（塩、トウモロコシ粉、食紅など）で作ったフィンガー・ペイントで文字を書いてその触感を楽しんだり、海岸や林などに行って木切れや葉っぱ、貝殻などを見つけ、それを使って文字を形作ったりする。また、小麦粉やバターなどからクッキー生地を作りアルファベットクッキーを焼いたり、使用済みコーヒー粉を再利用したコーヒー粘土の作成と活用方法も紹介している。いずれも writing 入門期の児童にとって楽しくインパクトのある学習であろう。また、高学年については、writing 練習に暗号解読などを使った謎解きの楽しさを加えることを提唱している。例えば、最も簡単な例では、A，B，C〜順に 1，2，3 と番号をつけることで英語の文章を数字の暗号文に変換する。児童はその暗号を解読し、隠された英文の内容を自分たちで発見しながら宝探しゲームをして楽しみながら学習するなど、児童のわくわくした顔が浮かぶような工夫を紹介している。

　McLellan（2009）は絵本を教材に、児童達の感覚を多面的に刺激する英語教授法を紹介している。例えば、男の子がおばあちゃんと自家製ビスケットを焼く絵本 Honey Biscuits（Hooper 2005）を読み聞かせた後、そのレシピの材料（小麦粉やバターなど）すべてを子ども達に自由な感性で絵に描かせ、それら材料の綴りをそれぞれ絵の下に綴って writing の練習をさせる。それから本物の材料を使って、児童達の前で、ビスケットづくりのプロセスを英語で紹介し、高学年の児童なら、そのプロセスを英語で文章化させてみる。そして最後は、絵本のレシピのビスケットを児童と一緒に焼いて楽しく味わうことも提唱している。単に発音や綴りを教えられるだけではなく、絵本の世界を疑似体験することで児童達の学びの喜びは高まるだろう。

5.　おわりに

　本稿は、日本など非英語圏で英語を教える英語母語話者の教師の実践事

例を中心に紹介した。本稿で紹介した事例が、新しい視点で小学校英語の授業づくりや教材を開発するヒントになれば幸いである。小学校での英語教育での楽しく豊かな学びを願って、今後も現場の先生方に役に立つような好事例を発掘し紹介していきたいと思う。

——————————

1　Common European Framework of Reference for Languages は、第 2 言語や外国語の教育における目標、内容、方法を明白に説明するための共通基盤とするべく開発された。40 か国語に対応している。

参考文献

鳥飼玖美子（2014）『英語教育論争から考える』, 東京：みすず書房.

文部科学省（2013）「第 2 期計画について」『教育振興基本計画』文部科学省 HP https://www.mext.go.jp/a_menu/keikaku/detail/1335039.htm（参照：2020 年 2 月 1 日）

文部科学省（2017）『Let's Try! 1　新学習指導要領対応小学校外国語活動教材』, 東京：東京書籍.

文部科学省（2018）「平成 29 年度　英語力調査結果（高校 3 年生）の概要」文部科学省ホームページ　https://www.mext.go.jp/a_menu/kokusai/gaikokugo/__icsFiles/afieldfile/2018/04/06/1403470_03_1.pdf（参照：2020 年 2 月 1 日）

Hooper, M.（2005）*Honey Biscuits*, London, Lincoln Children's Books.

Hoskins-Sakamoto, B.（2011）*Let's Go: Student Book with Audi*, Oxford, Oxford University Press.

Hoskins-Sakamoto, B.（2014）English Language Teaching Global Blog-14 April 2014 by Oxford University Press ELT. https://oupeltglobalblog.com/tag/barbara-hoskins-sakamoto/（参照：2019 年 12 月 1 日）

McLellan, N.（2009）"Read with Me", *Teachers Learning with Children: The Newsletter of the JALT Teaching* Children SIG. Vol.13, No.2, pp.9-13.

Moon, J.（2005）*Children Learning English: A Guidebook for English Language Teacher*, Macmillan Books for Teachers, London, Macmillan Education.

O'Loughlin, J.（2009）"Wonderful Words", *Teachers Learning with Children: The Newsletter of the JALT* Teaching Children SIG. Vol.13, No.2, pp.4-8.

4　小学校英語の教育方法
―体験的学びと英語村の活用について―

1.　はじめに

　2020 年から小学校 3、4 学年では「外国語活動」の授業で英語が年間
35 時間、5、6 年生では成績評価をともなう「外国語科」の授業として 70
時間行われている。外国の言語や文化を知る楽しさを体験的に学ぶには、
児童の発達段階を考慮しながら、五感で吸収できるような教授方法が望ま
しい。外国語教授方法は、従来は読んで訳すことを中心とした文法訳読教
授法（Grammar-Translation Method）が主流であったが、時代とともに変
遷してきた。1920 から 50 年代にかけては口頭練習を多く取り入れたオー
ラル・メソッド（the Oral Method）が広く実践され始め、1940 から 70 年
代にかけては、口頭で英語文型を繰り返す「パターン・プラクティス」を
取り入れたオーディオリンガル・メソッド（Audiolingual Method）が主流
となった。近年は、コミュニケーション能力の育成を目的とした「コミュ
ニカティブ・ランゲージ・ティーチング（CLT: Communicative Language
Teaching）」や、教科学習と外国語学習を統合した「内容言語統合型学習
（CLIL: Content Language Integrated Learning）」など新しい教授法が考案さ
れている（岡、他　2012）。なかでもイマージョン（immersion）教育は、
母語以外のすべての教科を外国語で教えるなど、外国語環境に「浸す」、
つまり外国語漬けにする教育方法である。
　使用言語を英語とする英語村では、活動のすべてにおいて英語でコミュ
ニケーションをとる必要があり、このイマージョン教育を国内にいながら

疑似的に体験できる。実際、英語村では、入国審査や日常生活、学習現場を想定した様々なプログラム（買い物やダンス教室、教科の授業など）が用意され、体験的な英語の学びが可能である。すでに台湾や韓国などの近隣諸国では多くの英語村が展開されている。韓国ソウルの英語村キャンプを調査したカレイラ（2013）は、英語村でのプログラムに参加した児童の多くが、英語村での学習が面白くて有益だったと報告しており、体験が英語学習への関心意欲を高める効果があると評価している。渡航時間や費用がかかる海外留学より手軽であること、また近年では国外のような治安の心配がないことから、日本国内でも各地に英語村を称するが施設が設立され、数も増えつつある。一方、閉業となる施設もあり、提供される活動のクオリティや安定性は一様ではないと考えられる。英語村は、修学旅行など学校行事を利用した単発の訪問の他、年間を通して定期的に活用すれば、復活祭やクリスマスといった文化的行事とともに英語を学べるなど、児童の興味関心を高める機会となる可能性がある。この章では、日本国内の英語村をとりあげ、その運営や利用状況について紹介する。調査では比較的安定して運営を継続していると思われる5つの英語村をとりあげた。英語村がどのように学校現場での英語教育とリンクすることができるか、費用面などの課題はあるが、国内の英語村事情を把握することで、今後の活用への展開を考える資料となれば幸いである。

2. 英語村のタイプ―海外の事例より―

　海外の英語村を調査した大城（2016）は、英語村は大きく4つのタイプに分類できるとし、①学校付属型、②テーマパーク型、③教員研修中心施設型、④市民開放型と名付けている。

　①学校付属型は、学校に付設され、利用者はその学校の在籍者や近隣の小学生などである。設置の背景には、英語教育の充実やグローバル人材の育成を重要視する学校の教育方針や、学校を取り巻く地域性（例：国際化、

経済的拠点など）がある。活用内容は、主に学校在籍の児童・生徒への英語教育プログラムで、CLIL 的な英語を使った教科学習や、レクリエーション的活動のほか、近隣の小学生も利用できる一日体験プログラムなどがある。施設によっては空港やレストラン、商店などを模した場所があり、英語を実際に使って活動することができる。

　②テーマパーク型は、学校での英語教育を補完する比較的大規模な施設である。広大な施設の中で、空港を模した施設で入管を疑似体験した後、外国を模した建物や風景のなかで、展示館などの文化施設や、レストラン・店などの商業施設で、英語を使ったコミュニケーションを体験できる。宿泊施設も完備され、数日から 1 か月くらいの滞在が可能な処もある。施設内では、幼児から大人まで楽しめるよう様々な英語プログラムが用意されている。

　③教員研修中心型は、主な対象者は教員で、小学校、中学校、高等学校の各教員対象の英語研修プログラムを展開している。オンラインプログラムや海外研修を合わせた集中研修など、多様なプログラムがあるほか、夏休みには児童生徒向けのサマープログラムもある。日本の自治体の教員研修センターが英語科目のみに特化された感である。

　④市民開放型は、自治体が中心となり教育委員会と連携して運営し、児童・生徒を含むすべての市民のための英語村として開放されている。施設内では、外国の疑似体験プログラムや、英語力アップのための学習プログラムの他、図書館では英語書籍を市民が閲覧できるなど、多様なプログラムが容易されている。大城は、日本において、このタイプを基本形とする市民交流広場としての英語村が広がることを推奨している。

3.　日本国内の英語村

　表 1 は、大城の分類法を援用し、その他の情報（設立年度、規模、運営、利用料金）を加味してまとめたものである。すべての英語村を網羅するの

表1　英語村に関する情報

	学校付属型	テーマパーク型	教員研修型	市民開放型	設立年度	規模	運営	利用料金
Hello Village	◎昼休み・放課後の「校内留学」が中心的活動。	―	―	◎定期的に中学生を対象とした体験会を開催	2016年	高校内の施設を使用	京都市立日吉ヶ丘高校	無料
公立鳥取環境大学英語村	◎月〜金の午後に学生を対象としてイベントや語学プログラムを提供。コロナ以前は小学校など地域への出張講義も実施。	―	―	◎コロナ以前は「まちなか英語村」を毎週木曜日午後の中で運営。現在(2023)は県内の中学生・高校生対象に定期的に開催	2012年	大学の施設を使用	公立鳥取環境大学国際交流センター	無料
近畿大学英語村(e-cube)	◎在籍学生対象、常設のカフェでの交流の他、毎月各種の英語活動や季節の行事が行われている。	―	―	◎予約制で高校生以上のプログラムが休眠中に実施されている。	2006年	本部キャンパス内。広さ320㎡。高さ10m吹き抜け平屋	近畿大学	無料
Tokyo Global Gateway	―	◎体験型英語学習施設。平日は小学校から大学、専門学校まで学校単位の利用を優先。土日祝日、平日夜は、幼児から大人までのプログラムを多数用意。	◎大人向けプログラムに参加することで体験研修は可能	○	2018年	7000㎡、各エリア72名収容	東京都教育委員会 & TOKYO GLOBAL GATEWAY	有料：入館料1100円＋参加プログラムの料金
British Hills	―	◎英国体験型施設。幼児〜大人まで利用可能、学校向け、企業向け、一般向けの各種英語研修、宿泊、食事、カルチャーレッスン、買い物もウェディングも可能な大規模施設	◎英語研修のほか、小・中・高等学校の教員向け研修もあり	◎一般向けの英語研修の他に宿泊のみの利用も可	2002年	241,256㎡(7万3000坪)	British Hills. Co. Ltd.（学校法人佐野学園が100%出資。)	入場は無料。参加プログラムの料金や宿泊の場合の料金がある。

出所：各団体ホームページの情報を基に筆者作成

は困難なため、選出にあたっては、インターネット上での検索件数が比較的多い、最新の情報がホームページ上で常に更新されている、設立から5年以上が経過している、などを基準に選出した。大城の分類法①〜④について、複数の機能を重複して有する場合は、二重丸印（◎）でその英語村の主な機能を表し、丸印（○）で併設される機能を表した。

4．考察

(1) **学校付属型**：調査した3つの学校付属型の内訳は高校付属が1か所、大学付属が2か所である。英語村はその高校・大学での英語教育やグローバル人材育成への注力を打ち出せる存在でもあり、学校・大学のホームページでも英語村の存在を広報している。高校が在籍生徒を対象としているのに対し、大学付属の英語村は地域の生徒や一般市民にも英語学習の機会を提供している点に特徴がある。但し、無料で一般公開するが、公開期間は大学休暇中などに限られることから、一般の利用は限定的となる。学校付属型は、本来、その学校の予算を使いその学校の在籍者を対象としたものであり、近隣の小中高生の英語運用能力向上への活用には限界があるが、単発の訪問体験学習には有効である。一方、公立鳥取環境大学の英語村のように、近隣の学校に出張プログラムを実践しているタイプは、英語力向上の継続的な地域貢献性が期待できる。小学校での出張プログラムでは、児童は大学生と英語で交流する楽しさを体験でき、大学生は児童に外国語活動の楽しさを伝える良い機会になったことが伝えられている。

(2) **テーマパーク型**：テーマパーク型2村のうち、民間事業者のみの運営が1村、自治体と民間事業者の連携タイプが1村であった。いずれも規模が大きく、施設も完備され、ネイティブスピーカーのスタッフによる各種プログラムの豊富さを謳っている。利用料金は、受講プログラムやサービスごと増える仕組みである。British Hills は宿泊も可能で、1泊2日の

体験型から 1 週間程度の滞在型英語研修プログラムも用意され、国内で最も充実したテーマパーク型英語村のひとつと言える。

　小学生の英語学習への活用法としては、費用面と発達段階を考慮すれば、単発での導入期の体験型学習（日帰り）か、英語学習の集大成として、6 年次の修学旅行（1 泊 2 日程度）に活用することも有用であろう。

　(3) 市民公開型：過去の情報を見ると、学校付属型において、現在よりも多くの市民公開型の活動がされていた様子だが、コロナ禍による活動自粛に伴い、その動きは縮小されている。但し、公立鳥取環境大学では「まちなか英語村」が再開され、限定的ながら他の施設でも市民公開の活動は実施されている。今後は、コロナ禍以前の活動への復活や更なる展開を期待したい。

　(4) 教員研修型：教員研修に特化した英語村ではないが、British Hills には学校種別の教員研修プログラムも提供されている。但し、近隣に在住でない限り、旅行費や宿泊を含めた研修費がかかることが課題であろう。韓国の英語村の多くは自治体から助成を受けているため参加費用が低く抑えられており、受講料の負担が少なく（カレイラ　2013)、そのうえ教員研修用のプログラムも豊富である（大城　2016)。日本では、寝屋川市が英語教育事業の一環として、平成 26 年から教育研修センターに英語村を開設している。英語村には自治体が雇用する 6 人のネイティブスピーカー教員が常駐し、近隣の小・中・高校生に英語の授業を行っており、授業の他、民間の英語検定試験の面接練習や英語スピーチコンテストの練習等も英語村で受けることができる（仲川　2015)。このような英語村が各自治体に存在すれば、近隣の児童・生徒と教員にとって、費用面でも機会面でも安定した学習と研修の機会が設けられるであろう。

5.　まとめ

　日本国内の英語村について5つの事例を検討してきた。学校付属型では、生徒・学生は日常的に英語環境に触れることが可能で、恵まれた語学学習環境である。これらの英語村ではコロナ禍以前、近隣の教育機関への出張プログラムや、地域市民への施設公開なども多く催されていた。コロナ対策の行動制限が解除されたことを受け、今後再び活動が展開され、地域の英語学習環境向上に貢献することを期待したい。テーマパーク型は、短期の体験型学習から、英語学習の集大成としての宿泊を伴う利用（修学旅行など）、教員の語学研修まで、非常に多様な活用が可能である。一方、現地への移動や利用料金といった費用面の負担をどう解決していくかが課題となる。

　望ましい姿としては、自治体ごとに初等教育から高等教育まですべての教育段階で利用できる英語村があり、英語学習や異文化理解のためのプログラムが継続的に受講できることである。もし、自治体の既存の設備等が活用できれば、運営コストも抑えることができるであろう。例えば、寝屋川市の総合研修センターでは、旧小学校の施設を利用した「英語村」で、就学前の子どもから小中学校の児童・生徒までを対象とした英語コミュニケーションのプログラムが提供されている。また、各自治体にある大学も英語村の候補に考えられる。例えば国際教養大学では、中・高校生を対象とした「English Village（イングリッシュ・ビレッジ）」が定期的に開催されている。プログラムは、研修をうけた学部生や大学院生によって運営され、日本人学生と留学生を含む少人数のグループでチームを組み、2泊3日の日程で楽しみながら英語学習が行われる。これらの成功事例を参考に、既にある人材や施設を活用した英語村で、児童・生徒らが安定して英語を体験的に学べる機会が国内に増えていくことを願う。そのためには、自治体の助成や、グローバル人材育成のための産業界からの支援も肝要であろう。

参考文献

大城賢（2016）「台湾（桃園市・台北市）の英語村：日本での応用を考える」琉球大学教育学部紀要 88：165-174.

岡秀夫・金森強（2012）「小学校外国語活動の進め方 「ことばの教育」として」東京：成美堂.

カレイラ松崎順子（2013）「ソウル英語村プンナプキャンプ」のプログラム評価」Review of Asian and Pacific Studies No38: 79-94.

神田外語グループ.　パスポートの要らない英国. British Hills ホームページ, http://www.british-hills.co.jp/（参照：2018 年 3 月 10 日）

京都市立日吉ヶ丘高校.　「PUB QUIZ2 」.　京都市立日吉ヶ丘高校ホームページ, http://cms.edu.city.kyoto.jp/weblog/index.php?id=300704&type=2&category_id=12094（参照：2018 年 3 月 20 日）

近畿大学.　近畿大学英語村 E3［e-cube］とは.　近畿大学ホームページ, http://www.kindai.ac.jp/e-cube/guide/（参照：2018 年 3 月 2 日）

公立鳥取環境大学. 英語村.　公立鳥取環境大学ＨＰ, https://www.kankyo-u.ac.jp/campuslife/englishvill/（参照：2018 年 3 月 2 日）

TOKYO GLOBAL GATEWAY.　TOKYO GLOBAL GATEWAY（TGG）ホームページ, https://tokyo-global-gateway.com/（参照：2018 年 3 月 20 日）

仲川浩世（2015）「小学校における外国語活動展開事例の検討―授業観察記録を基礎として―」関西外国語大学研究論集 101：167-181.

第 2 部
社会的課題

5　社会経済的背景と学齢期の英語学力
―全国学力・学習状況調査報告書からの示唆―

1.　はじめに

　児童生徒や学校の社会経済的背景（Socioeconomic Status、以下 SES と呼ぶ）と学力の違いに相関関係があることは、国内外の研究者（苅谷 2001, Coleman 1966 など）の論考により広く知られている。日本においても平成25 年度全国学力・学習状況調査（きめ細かい調査）の結果から、SES が高い児童生徒ほど、学力は高いことが報告されている。なかでも、最もSES が低い層の児童生徒が 3 時間以上勉強して獲得する平均正答率は、最も高い SES 層の全く勉強しない児童生徒の平均正答率より低いという分析結果（お茶の水女子大学 2014）は深刻であった。教育の機会均等を図る上で、学齢期の学力状況の詳細な把握とその背景にある要因の分析が求められている。

　英語の学力調査は、平成 31 年度に中学 3 年生を対象として初めて実施された。調査結果を活用した研究（広島大学 2020）では、学校の就学援助率が高くなるほど、英語も国語・数学と同様に平均能力値が低くなることが報告されている。

　学力と SES についての先行研究には、国の経済力によって学力に影響を及ぼす要因が異なることを示唆したものがある。Heyneman と Loxley（1983）は、先進国と発展途上国の初等教育の学力データを比較分析し、国の所得が低くなるほど、児童の家庭要因が学力に及ぼす影響が低くなり、かわりに学校要因が教育成果に及ぼす影響が強くなると報告してい

る。日本は高所得国であるが、厚生労働省（2020a）の調査では子どもの 7
人に一人が貧困状態にある。全国学力・学習状況調査データでも、就学援
助を受けている児童生徒の割合が 5％未満の学校から 50％以上の学校まで
あり、児童・生徒をとりまく教育環境は多様である。Heyneman らの知
見を援用すれば、就学援助率から推測される SES の低い学校では、SES
の高い学校に比べ、児童・生徒らの学びに学校要因が及ぼす影響が大きい
可能性もある。

　日本における英語の学力と SES の関係を検証した研究（寺沢 2009, 松繁
2002）では、SES の違いによる英語学習の機会格差や、大学生の英語力と
卒業後の収入の違いに相関性が見られることが報告されている。近隣諸国
では、台湾の英語教育における地域間格差と、その主因としての教育資源
の格差が報告され（翁、他 2010）、中国では英語学習が富裕層に有利であ
り、教育における不平等の再生産につながる懸念が指摘されている（新保
2011）。カレイラ（2014）は、韓国では SES による英語力の格差をなくす
ため、ハード面の環境作り（英語村の設置や IT 環境の整備によるオンライン
講座の普及など）により、格差を徐々に軽減していることを報告している。

　日本では、令和 2 年度から小学校でも英語教育が必修化され、開始時期
も高学年から中学年に前倒しされた。英語はグローバル化の進む今日、進
路や就職、キャリアの形成など生涯にわたる様々な場面で必要である。本
研究は学齢期の英語学力と SES の関係に着目し、他教科とも比較しなが
ら、その状況を把握することを試みる。データは英語の学力テストが初め
て行われた平成 31 年度実施の「全国学力・学習状況調査」の報告書及び、
子どもの成長や子育て環境を把握するための「21 世紀出生時縦断調査」
の結果を活用する。論文では、まず学校における就学援助率と学力テスト
の正答率の関係について把握し（2 節）、次に児童生徒の学習への熱意と学
力テストの正答率の関係について、学校の就学援助率の違いから分析し
（3 節）、英語の学力差の状況を他教科と比較しつつ把握する（4 節）。次
に、英語の学力差の背景にある要因について考え（5 節）、結論では、学齢

期の英語学力の状況についてまとめ、課題解決のための今後の研究の方向
性について述べる（6 節）。

2. 学校の SES と英語学力の関係—中学校での傾向—

　図 1 は「平成 31 年度全国学力・学習状況調査の結果を活用した英語に
関する調査研究」（広島大学　2020）のデータを基に、学校の就学援助率と
3 教科（中学校英語、中学校数学、中学校国語）の IRT 平均能力値を比較し
たものである。IRT 平均能力値（以下、能力値と呼ぶ）は、テストへの正
答を 1、誤答及び無回答を 0 とした 2 値データを用い、項目反応理論
（Item Response Theory: IRT）に基づいて算出されている（広島大学　2000
p11）。

　図に見るように、就学援助率が増加するにつれ、各教科の能力値が低下
していることがわかる。最も高いのは就学援助率 5% 未満の学校群で、就
学援助率が増加していくにつれ、能力値は下がる傾向にあり、就学援助率

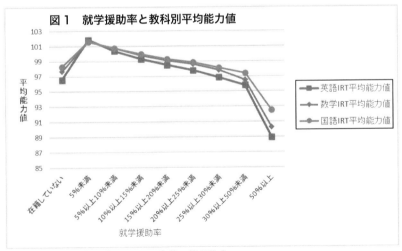

出所：広島大学（2020）のデータを基に筆者作成

が 50% 以上群では急激に下降している。教科的には、国語がどの就学援助率レベルにおいても能力値が最も高く、次に数学が高い。英語は、どの就学援助率レベルにおいても最も能力値が低い。さらに、最も能力値が高い就学援助率 5% 未満学校と最も低い 50% 以上の学校群の比較においても、能力値の格差が最大だったのは英語であった。英語は他の 2 教科と比べ学校での学習年数が短いにも関わらず、平成 31 年度時点では顕著な学力格差が生じていたと言える。

3.「熱意を持って勉強している」学校における SES と英語学力の関係―小・中学校での傾向―

　平成 31 年度全国学力・学習状況調査報告書（文部科学省　国立教育政策研究所　2019）では、就学援助率が低い学校の方が、学力的に高い傾向にあるが、その一方で、学校の就学援助率に関わらず、挑戦心や規範意識、自己有用感などに関する質問項目に肯定的に回答している学校ほど学力は高い傾向にあることが報告されている。図 2 は、就学援助率 50% 以上の学校について、質問紙項目「調査対象学年の児童生徒は、熱意をもって勉強していると思いますか」に対する学校の回答と、それらの学校のテスト平均正答率について分析したものである。

　図 2 に見るように、同じ就学援助率 50% 以上の学校でも、「熱心に勉強している」に「そう思う」と回答した学校の平均正答率は、全教科において「そう思わない」と回答した学校の平均正答率より高い傾向にある。特に小学校国語では「そう思う」学校の平均正答率が、「そう思わない」学校の約 2 倍の高さである。報告書から詳しい背景要因はわからないが、この結果は、学校の SES 環境が似ていても、学習姿勢が前向きであることが学力向上に影響しうること、学校の SES から想定されるよりも高い学力テスト結果を出しうることの証左と言える。

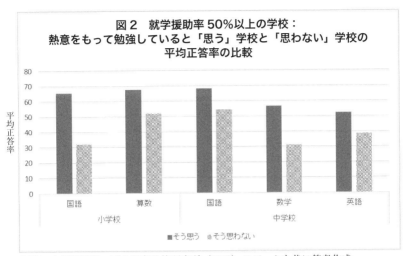

図2　就学援助率 50％以上の学校：
熱意をもって勉強していると「思う」学校と「思わない」学校の
平均正答率の比較

出所：文部科学省　国立教育政策研究所（2019）のデータを基に筆者作成

　図3は、同じ質問項目（「調査対象学年の児童生徒は、熱意をもって勉強していると思いますか」）に対して「そう思う」と回答したすべての小学校と中学校について、教科別の平均正答率を比較したものである。やはり、学校の就学援助率が高くなるにつれ、平均正答率はなだらかではあるが下降している。教科的に最も高い平均正答率を示すのは中学国語であり、次に小学校算数、小学校国語、中学数学と続き、最も低位にあるのは中学英語である。熱意を持って勉強している学校においても、英語がどの就学援助率レベルでも最も正答率が低いことがわかる。

　次に、図3のデータから就学援助率 5％ 未満の学校と 50％ 以上の学校のみを抽出し、その学力格差を表したグラフが図4である。熱意をもって勉強しているにもかかわらず、両者の学力格差は中学校レベルでは拡大していることがわかる。

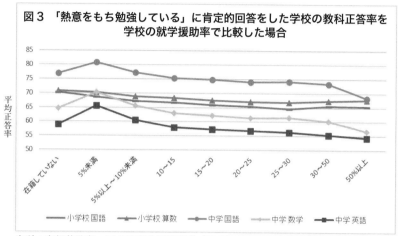

図3　「熱意をもち勉強している」に肯定的回答をした学校の教科正答率を学校の就学援助率で比較した場合

出所：文部科学省　国立教育政策研究所（2019）のデータを基に筆者作成

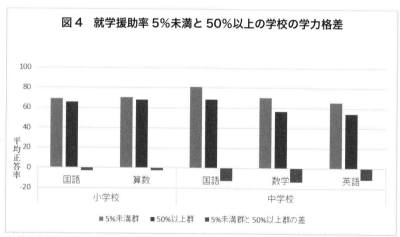

図4　就学援助率5%未満と50%以上の学校の学力格差

出所：文部科学省　国立教育政策研究所（2019）のデータを基に筆者作成

4. 学校のSESと教科別に見る学力差の状況

　全国学力・学習状況調査の報告書データを用いて、各教科における学力

差の状況を更に詳しく見ていきたい。図5と6は、質問紙項目「調査対象学年の児童生徒は、熱意をもって勉強していると思いますか」に対する4つの回答（「そう思う」「どちらかと言えばそう思う」「どちらかと言えばそう思わない」「そう思わない」）別に、テスト正答率をレーダーチャートで表したものである。図5は就学援助率が5％未満の学校群、図6は50％以上の学校群についてである。図5と6を比較すると、4つの異なる回答間（回答をした学校間）の正答率のばらつきは、就学援助率50％以上の学校群（図6）の方が大きいことがわかる。

　図6で、最も回答別の正答率にばらつきが見られるのが小学国語と中学数学であり、他の教科に比べ、勉強への熱意の違いによって学力差がでている。中学英語の正答率は回答間（学校間）のばらつきが最も小さく、勉強への熱意の有無に関わらず、学力的に低い傾向にあることがわかる。小学算数と中学国語も回答間のばらつきが小さく、正答率の高さからこれら2教科は学力的に高い傾向にあると言える。

　就学援助率の低い学校群（図5）では、総じて回答間（学校間）の学力的ばらつきは就学援助率の高い学校群（図6）に比べ小さく、正答率も高い。しかしながら、中学英語の学力が勉強への熱意の有無にかかわらず、他教科と比べると低い傾向にあることは図6と共通している。

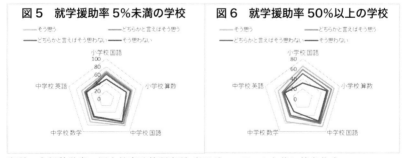

出所：文部科学省　国立教育政策研究所（2019）のデータを基に筆者作成

5. 学力の背景を考える―21 世紀出生時縦断調査データから―

　平成 31 年度全国学力・学習状況調査報告書では、テストによる教科ごとの学力状況と、質問紙調査による児童・生徒の興味関心及び学校における指導状況について集計報告されている。しかし、学力差の背景要因について詳しく分析はされていない。また、平成 25 年度版の「きめ細かい調査」のような保護者調査はなく、家庭状況と児童生徒の学力の関係についての分析はない。そこで本稿は、厚生労働省による「第 10 回 21 世紀出生児縦断調査（平成 22 年出生児）」（厚生労働省　2020）のデータを援用し、学力の背景にある社会経済的要因について推測を試みる。

　厚生労働省による縦断調査は、平成 22 年に出生した子どもの成長・発達の様子や、子育てに関する環境や意識、行動の変化を把握するための調査であり、「第 10 回 21 世紀出生児縦断調査（平成 22 年出生児）」の対象児（小学 4 年生）は、平成 31 年度の全国学力・学習状況調査の対象児童生徒とほぼ同年代にあたる。本稿は第 10 回の調査データから、社会経済的背景に関連する変数として「母の学歴と習い事等の種類」を採り上げた。

　図 7 は、調査に回答を得た 23265 人のアンケート結果を表したものである。内訳は、母親の学歴が中学校卒業の群は 730 人であり、以下、高校卒業 5733 人、専修・専門学校・短大・高専卒業 9844 人、大学・大学院卒業 6858 人、その他・不明が 100 人となっている。図に見るように、水泳、学習塾、通信教育、音楽教室に人気があり、英会話、サッカーが続いている。学校以外の場所で、学習や文化、スポーツといった学校の教育課程と親和的な活動をする機会を子ども達が持っていることがわかる。「習い事等をしていない」と回答した割合は、どの学歴層でも少ない。

　母親の学歴別に見ると、各学歴の人数のサイズを反映して、専修・専門学校・短大・高専卒業の群がどの習い事においても最も多く参加し、次に大学・大学院、そして高校、最後に中学校と続く。但し、「習い事等をしていない」の回答数は、人数サイズに反して、大学・大学院卒業の群は他

の学歴群に比べ少ない。実数データから作成した図7のグラフからは、多くの子どもが習い事等に参加していることを表しており、その中でも母親の学歴が高等教育以上の家庭の子どもの参加率が大半を占めることがわかる。

　次に、各学歴別に習い事等をしている割合を調べると、母親が大学・大学院卒業の場合、93.9% が何らかの習い事に子どもを通わせており、以下、専修・専門学校・短大・高専卒業群は 88.9%、高校卒業群は 78.4%、中学校卒業群は 67.1% であった。母親の学歴が高いほど、子どもを習い事に通わせる率が高いことがわかる。調査からは、多くの家庭が子どもを何らかの習い事に通わせているが、社会経済的指標から検討すると、習い事への参加率は家庭によって一様ではないと言える。この傾向が経済的な理由によるものか、それとも教育を奨励する姿勢に差があるのか、または別の理由なのか、アンケート結果から詳細はわからない。しかし、参加率の最も少ない中学校卒業の群でも、7 割近い家庭が子どもを学校外の習い事に通わせていることに注目したい。

　図7（21 世紀出生児縦断調査）の対象者は、全国学力・学習状況調査の対象者と同一ではないため、図1から図6で見た学力状況の背景として図7の結果は直接には結びつかない。しかし、同年代の子ども達を取り巻く状況を考える手がかりにはなる。学習やスポーツ、文化といった学校の教育課程に親和的な習い事への参加は、学力を形成する上で良い相乗効果を与えるうる。また、学校以外に自分の居場所を持てるメリットや、学校の教師や家族以外の指導者や助言者など、良きメンターとの出会いをもたらすことも期待できる。規範や信頼関係のある社会的ネットワークは、子どもの成長にとって重要なソーシャルキャピタル（social capital：社会関係資本）であり（パットナム 2017）、学力や学習意欲の向上への効果も論じられている（露口 2016）。図7で見られた家庭による習い事等への参加率の差異は、学力形成に影響を及ぼしうる社会的ネットワークへのつながりが子

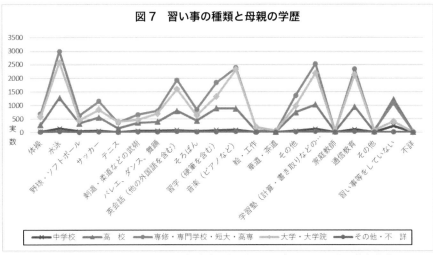

図7　習い事の種類と母親の学歴

出所：第10回21世紀出生時縦断調査（厚生労働省　2020）データを基に筆者作成

ども達の間で一様ではなく、家庭の社会経済的背景により異なっていることを示している。

6.　結論

　本稿では、学齢期の英語学力と学校や家庭の社会経済的背景の関係に着目し、他教科の学力テスト結果と比較しながら、現状と課題について把握することを試みた。データの分析結果からは、以下の4点が明らかになった。1）学力テストの正答率は学校の就学援助率が高くなるほど下がる傾向にあり、特に英語は他の教科に比べ学力格差が大きかった。2）しかし、同じSES環境下でも、児童生徒が熱意をもって勉強している学校では、そうでない学校に比べ学力は高い傾向を示しており、SESの指標から想定されるよりも高い学力を表す学校とそれを支える要因の存在が窺える。しかし、同じように熱意をもって勉強している学校においても、就学援助

率が高い学校と低い学校では学力格差が存在し、それは小学校よりも中学校で拡大している。3）教科別の学力状況は、就学援助率50％以上の学校では、勉強に向かう熱意の違いによって、全体的に正答率のばらつきが大きく、特に小学校国語と中学校数学で顕著であった。また、中学校英語は熱意の如何によらず総じて正答率が低かった。英語正答率の低さは、学力的なばらつきが比較的小さく全体的に正答率が高い就学援助率5％未満の学校においても共通していた。他教科と比較して英語学力の低さが明らかになった。4）21世紀出生時縦断調査データからは、学力差の背景の手がかりとして、子どもを取り巻く環境、特に学力や学習意欲に影響する社会的ネットワークへのつながりが、子どもの社会経済的背景の違いによって異なることが示唆された。

　これらの結果を受け、今後の研究の方向性を次のように考える。勉強への熱意があると回答した学校に示されたように、同じSES環境下でも比較的高い学力を示す事例がある。このような好事例を示す学校についてさらに詳しく調査することで、高い成果を出す背景にある要因とそのメカニズムについて明らかにしたい。そして、社会経済的背景の違いに関わらず英語の学力向上に効果的な指導方法について研究したい。また、学力形成に影響を及ぼしうる社会的ネットワークへのつながりが、子ども達の間で一様でない点について、さらに詳しく調査していきたい。

参考文献

翁翊馨，松下晴彦（2010）「台湾における小・中一貫の英語教育の現状と課題」『中等教育研究センター紀要』，第10巻，pp.103-119.

お茶の水女子大学（2014）『平成25年度　全国学力・学習状況調査（きめ細かい調査）の結果を活用した学力に影響を与える要因分析に関する調査研究』

苅谷剛彦（2001）『階層化日本と教育危機―不平等再生産から意欲格差社会（インセンティブ・ディバイド）へ』東京：有信堂

カレイラ松崎順子（2014）「韓国の英語教育における格差とその対策」『東アジアへの視点』第25巻，第1号，pp.17-25.

https://www.mhlw.go.jp/toukei/saikin/hw/k-tyosa/k-tyosa19/index.html（参
　照：2022 年 5 月）

厚生労働省（2020）「第 10 回 21 世紀出生児縦断調査（平成 22 年出生児）」
　　　　　　https://www.mhlw.go.jp/toukei/list/27-22.html（参照：2022 年 5 月）

新保敦子（2011）「現代中国における英語教育と教育格差―少数民族地域におけ
　る小学校英語の必修化をめぐって―」『早稲田大学大学院教育学研究科紀要』
　第 21 巻，pp.39-54

露口健司（2016）『ソーシャル・キャピタルと教育』「第 1 章　子どもの学力・
　学習意欲」京都：ミネルヴァ書房 pp.12-31.

寺沢拓敬（2009）「日本社会における英語の教育機会の構造とその変容―英語力
　格差の統計的分析を通して―」『言語政策』第 5 号，pp.21-42.

パットナム，D. ロバート（2017）『Our Kids: The American Dream in Crisis
　われらの子ども―米国における機会格差の拡大』大阪：創元社

広島大学（2020）『平成 31 年度「学力調査を活用した専門的な課題分析に関す
　る調査研究」全国学力・学習状況調査の結果を活用した英語に関する調査研
　究』

松繁寿和（2002）「社会科学系大卒者の英語力と経済的地位」『教育社会学研究』
　第 71 巻，pp.111-129.

文部科学省　国立教育政策研究所（2019）「平成 31 年度全国学力・学習状況調
　査報告書」 https://www.nier.go.jp/19chousakekkahoukoku/（参照：2022 年
　5 月）

Coleman, J.S., Campbell, E.Q., Hobson, C.J., McPartland, F., Mood, A.M.,
　Weinfeld, G.D. & York, R.L.（1966）. *Equality of Educational Opportunity*.
　Washington, DC: U.S. Government Printing Office.

Heyneman, G. & Loxley, K.（1983）. "The Effect of Primary School Quality On
　Academic Achievement across Twenty Nine High Cost and Low Income
　Countries." *American Journal of Sociology*. 88, 162-198.

6 地方分権化後のフィンランドの教育評価に関する考察
―高い教育水準と少ない学力格差、そして特別なニーズを
支える仕組みについて―

1. はじめに

　フィンランドは、人口520万人、面積33万8000km^{2}の北欧の小国であるが、国内的には社会福祉を充実しつつ、国際的には高い競争力を発揮し近年注目されている。世界経済フォーラム（World Economic Forum）による国際競争力ランキングでは、2003年から2005年まで連続して首位であり、2006年も2位に位置している。教育の分野においては、OECD主催のPISA（Program for International Student Assessment：国際学習到達度評価）で、フィンランドは2000年及び2003年の両年度ともトップとなり、学力格差も最小であることが報告されている。義務教育を修了した15歳児を対象としたPISAは、知識や技能を測るだけでなく、それらを実生活における様々な課題に対し、どの程度活用できるかを評価している。生涯にわたって知識や技能を獲得し、実社会で活用していく力は、知識基盤型社会に対応していく上で必要とされる能力である。PISAにおける好成績により、フィンランドの教育制度は「フィンランドモデル」と称され、国際的に高く評価されるようになった。

　しかし、これらの成功も一朝一夕になったものではない。地理的にスウェーデンとロシアの中間に位置するフィンランドは、歴史的にもこの北の2大強国の侵略にさらされてきた。第2次世界大戦では、侵略してくるソビエト軍に対抗する目的でドイツと同盟を組んでいたことにより、戦後は敗戦国として莫大な賠償金支払い義務を負ってスタートした。60年代

までは農業国として徐々に復興を果たし、80年代には工業化を進め近隣諸国に追いつくが、主要な貿易相手国であったソビエト連邦の崩壊と経済政策の不在により、1990年には戦後最大の不況に陥った。GNPは下降し続け、1993年には失業率は20％近くまで達した。このため、それまでの社会・経済政策の見直しが行われ、地方分権化や合理化が推進された結果、90年代後半からは飛躍的に回復し、現在の発展を遂げている。

　天然資源もなく、人口も少ない（約520万人）フィンランドにとって、人材育成は国家開発の要であり、教育における平等は福祉国家を形成する柱のひとつとされてきた。教育の機会均等に一貫して取り組む一方で、教育分野においても時代に則して改革や工夫を重ね、独自の教育システムを発展させてきた。90年代から加速した教育の地方分権化と経済の回復・発展の因果関係について明確に分析した研究はないが、時期的な一致は注目されている（Aho, Pitkanen, Sahlberg, 2006）。

　本研究は、地方分権化後のフィンランドにおいて重要性を増した教育評価に着目し、学校訪問や国家教育委員会での調査に基づいて、高い教育成果の実現を支える仕組みについて考察した。分権化によって教育現場に多くの自由裁量権が認められるなか、どのように学力格差を防止し、高い教育水準を生み出しているのか。PISAで証明された能力の高さはどのように育成されているのか。本稿では、フィンランドが発展させてきた教育評価について、主要な4つの特徴を指摘しつつ考察を進めた。また、独自の評価結果に基づく学習支援体制についても言及した。

2. フィンランドの義務教育について

(1) 概要

　フィンランドでは、総合学校（Comprehensive school）の1学年から9学年までを義務教育（初等6年・中等3年）としている。統合学校はほぼすべてが公立であり、私立は全体のわずか2〜3％にすぎない。公立の場

合、9 年間の授業、給食、教科書等すべて無償であり、通学費も援助される。また、生徒の心身の健康に必要な歯科クリニックやカウンセラー室が校内に設備され、生徒はそれらの医療・福祉サービスを必要な時に無料で受けることができる。

　無償の教育制度を支える教育予算は公的資金によるもので、寄付金の制度はない。現在、教育予算の負担は基本的には中央が 57% を、地方自治体は残り 43% を担っているが、裕福な自治体の場合は 43% 以上、経済的に困難な自治体ではそれ以下を負担している。フィンランドの初等・中等教育の支出は GDP の 3.9%（2003 年）を占め、OECD 平均の 3.6%、日本の 2.7% を上回っている。特に、中学校の生徒 1 人当たりの教育支出は、OECD 平均が 7,002 米ドル（2002 年）、日本は 6,952 米ドルであるのに対し、フィンランドは 7,121 米ドルと高い（総務省　2006）。

（2）地方分権化の推進

　第 2 次大戦終了後、フィンランドでは、サービス供給の平等化をはかるため、福祉国家政策の立案や実施は主に中央集権的かつ集団的な手法で行われていた。しかし、この体制の下で 80 年代には財源危機が生じ、経済不況に陥った 90 年代には福祉国家は瀬戸際にたたされた。行政の近代化や規制緩和が積極的に推進されるようになった 90 年代には、地方自治体に対し自治を発揮する試みを許可し、その成果を全自治体に普及させるべきか中央で決定する「フリーコミューン計画」を導入して、ボトムアップ方式の地方分権化を進めた（ボルデシュハイム、ストールバリ　1994）。この実験的取り組みの成果を積み上げていく手法は、ほぼ同時期にイギリスで行われたトップダウン方式の地方改革とは対照的なものである。

　教育分野においても、中央集権体制にあった 1970 年代には学校は中央が厳しく管理し、細かな規則を定めていた。80 年代になって政治家主導による分権化への模索が始まり、80 年代後半には教育専門家を中心として改革案が検討されるようになった。地方分権化への移行が顕著に進み始

めたのは 1994 年のカリキュラム改革からであり、主な方向性は、①自治
体や学校現場における決定権の強化、②特別教育（Special Education：必
要な時に適切な教育を提供し生徒の教育を支援するプログラム）の充実、③学
校と家庭そして自治体のパートナーシップの発展、である。現在は 5 つの
州（province）の合計 400 の地方自治体全てが教育を供給する責任を担う
ための自治決定権を与えられている。

　地方分権化については、90 年代の経済不況が地方分権化を加速させる
契機となり、その後の好景気が新体制への円滑な移行を支えたとする報告
がある（Aho, Pitkanen, and Sahlberg 2006)）。また、フィンランドには伝統
的に「最良の教育は教師と保護者と地域の協力によって実現される」とい
う教育理念があり、それが学校と行政、教師と地域の間の「信頼の文化」
を育み、権限の移譲を支えたとする見解もある。

　但し、フィンランドにおいては、教育は伝統的に国家が国民に保障する
権利であり、分権化によって自治体や学校現場の予算配分や教育活動に関
する自由裁量権は大きくなったが、中央政府は全体の調整をはかり統一性
を保つ機能を堅持している。

　新しい枠組みのなかで、質の高い教育をすべての地域や学校に平等に供
給するための強力なツールとして教育評価は重要性を増した。新体制の
下、目標とされる教育水準が各自治体・学校で達成されているかを評価
し、現状把握に基づいて教育政策を立案・施行するプロセスにおいて、教
育評価は不可欠の要素である。

3.　地方分権化以降の教育評価

（1）国家コアカリキュラムと評価の標準化

　1970〜72 年の改正の後、義務教育のカリキュラムは約 10 年ごとに改正
されている。分権化の勢いが増した 1994 年は、思い切った権限の移譲が
行われ、義務教育カリキュラムは教育活動の枠組みを示すのみで、実践内

容は現場に任せられ、学校ベースのカリキュラム開発が進められることになった。

　結果的に、自由度の高すぎるこの手法では、ある学校では5と高く評価される成績内容が他の学校では3以下となり、またその逆のケースもあるなど、学校により成績評価にばらつきを生じさせていることが調査で明らかになった（保坂 2006）。行過ぎた改革から得られた教訓を踏まえ作成されたのが、2004年の国家コアカリキュラムである。

　新しい国家コアカリキュラムでは、評価を行う際に用いる共通の基準を示し、全ての総合学校における評価の標準化をはかっている。新カリキュラムの分量も旧カリキュラムの約3倍に充実され、生徒評価に関しては、学習過程における評価の目的、原則、進級判定、科目の評価、作業の評価、態度の評価、自己評価、特別教育における評価、移民の生徒に対する評価、さらに最終評価（試験）における評価の目的、原則、試験科目というように、教育活動における評価全般に関してガイダンスが示されている。

　共通の基準がない評価システムのデメリットについて日本を例にした研究が参考となる。日本は相対評価がもたらす競争を緩和する目的で絶対評価を導入したが、絶対評価がもつ厳しさ（共通の絶対的基準）についての議論がなかったため、一人ひとりがどれだけ伸びたかという個別評価化してしまった。このため、評価は主観的になり、知識や能力をある水準まで到達させるプレッシャーがなくなってしまった（苅谷・増田 2006）。クリアすべき水準が明確でなく、クリアすべきプレッシャーもなければ、学校ごとの学力のばらつきが拡大し、全体の学力水準が緩やかに低迷していく可能性は否めない。フィンランドは過度の自由を改善し、新しい国家コアカリキュラムにおいて評価の標準化をはかることで、学校が裁量権をもち自治性を発揮するという地方分権化の路線を保ちながら、格差の広がりを防ぎ教育の平等を守ることを堅持したのである。

　新しい国家コアカリキュラムは学校のほか、すべての教育関係者・機関

が行う評価活動にとっての指針[1]でもある。フィンランドでは、表 1 に見るように国、地方、自治体、学校、教師、生徒のそれぞれのレベルにおいて、評価の対象や内容、目的が明確にされている。教育評価を中央で統括しているのが教育省にある国家教育委員会[2]である。国家教育省は、国全体の教育評価のほか、国家コアカリキュラムの作成も担当している。地方（州）は、地域の教育ニーズが満たされているか、自治体は教育システムの有効性や経済性、独自の教育政策の評価に焦点を置いている。学校は、教育目標や独自のカリキュラムが成果を出しているか、人的・物的リソースの活用は適切であるか等を評価し、教師は、授業法や学習環境の適切さについてテスト結果や授業アンケート、自己評価などにより評価を行っている。生徒は、自分の学習目標が達成されたか、授業や指導が行き届いているかなど、自分の学習の進歩状況やまわりの学習環境について評価する。評価に際しては常に国家コアカリキュラムにおける趣旨を踏まえることで、異なるレベルでも同じコンセプトが共有されている。

（2）サンプル調査による学力評価

　学力診断テストは、生徒が居住地域や性別、家庭環境等に関係なく平等に良質な教育を受け、国が定める目標水準に到達しているか、また学校や地域間に格差が生じていないかを客観的に把握する手段として有効である。しかし、フィンランドでは、全生徒を対象とした学力診断テストとしては、高校の最終学年で行う大学入学許可試験（Matriculation Examination）が存在するのみであった。

　分権化の進んだ 90 年代の後半からは、義務教育段階においてもサンプル方式による学力調査が行われるようになった。国家教育委員会は、サンプル方式を採用した理由について、調査の目的はあくまで教育開発であり、学校ランキングをつくる意図はないことを強調している。調査の対象は総合学校の 9 学年であったが、2004 年の新カリキュラムから、より早い段階の 2 又は 3 学年そして 5 又は 6 学年においても実施することになっ

た。但し、対象となる生徒の成長段階を考慮し、過度に負担にならないよう、年齢に応じ必要とされる能力を評価するように内容が工夫されている。低学年の調査では、学習のためのスキルや学習意欲、コミュニケーションスキルの開発を主な目的とし、教科的な評価は最小限にとどめている。

　高学年の調査になると、教科を複合的に含めた内容となり、9学年の調査では、数学と国語については1年交替、他の教科については年ごとに入れ替えて調査を行っている。但し、教科の習得度のみではなく、より広い範囲の能力を評価することをねらいとし、例えば、9学年の国語では、コミュニケーションスキル、チームワークやITなど先端技術の利用能力、また学習意欲なども評価に含まれている。

　一部の生徒を対象とするサンプル調査を通じ、全国調査に匹敵する有効な結果データを得るためにはサンプルの抽出方法が重要である。フィンランドでは、地域性、人口構成、経済状況などを層化の基準とした、層化多段抽出法（Stratified multiphase sampling）を採用している。調査対象となる生徒数は、該当学年の全生徒数の5〜10%にあたる。2005年の調査では492の学校と13,000名の生徒が参加している。選ばれた学校は調査に参加する義務があるが、正当な理由と判断された場合は辞退も可能である。しかし、調査に参加すると、テスト実施後遅くても6〜8週間以内に、学校と自治体に対して国家教育委員会から分析結果が通知され、自校と全国のデータを比較して、現状把握や改善策に生かすことができるため、参加は有益と受けとめられている。調査の実施時期もサンプル校の教育活動の妨げにならないように配慮される。国家教育委員会関係者も、結果通知が早いほど学校の参加意識や結果への関心度も高く、結果を踏まえた対応措置が迅速にとられるようになると述べている。また、調査結果によっては、国家教育委員会は自治体と協力して学校に対して問題解決に取り組むことになる。

表 1 フィンランドにおける教育評価

誰が	何を	なぜ	どうやって
国家教育委員会	教育の有効性、効率性 教育政策の動向、教育分野の開発 国際的見地による現状分析 教育と社会の関係	教育政策、カリキュラム実現、 知識と技能の国レベルの情報 開発必要分野の自覚、教育水準の向上 教育に関する世論の認識	評価に関する研究 比較評価、テーマ評価 指標、統計、サンプル調査、 国際比較調査、世論調査
地方レベル	地方での教育の需要と供給 地域内の学校ネットワークの機能	地方のニーズ（教育・開発）への対応 国のニーズ	比較調査 モニタリング
自治体（教育の維持管理者）	地元の教育サービスの効率性、有効性	自治体のニーズへの対応 地方のニーズ	外部評価への参加、自己評価 比較調査、報告書、モニタリング
学校	学校カリキュラムの機能性 活動成果、学習成果 学校経営と職場環境、 学校の満足度	学習成果についての分析 開発必要分野について知る 教育活動の発展 改革・変更のフォローアップ	自己評価、外部評価、話し合い、アンケート調査 テスト（国レベルのテストも含む）
教師	自分の授業（内容と教授法） 学習環境と学習教材（施設と装備）、 学習目標への到達度	自己研鑽 教え方の開発 生徒の学習の促進	自己評価、生徒による評価 授業についてのアンケート 授業評価、テスト結果
生徒	個人的な成長、学習の成果 学習環境の適切さ、教授方法の適切さ	学習の支援 教育環境と教授法の向上	成績表、自己評価 生徒による評価（個人、グループ）、ミーティング（教員＋生徒＋保護者）

（出所）National Board of Education（1999）, p64 を基に筆者作成

　サンプル調査に抽出されなかった学校も、希望すれば無料で同じ内容の調査を実施し評価を受けることができる制度が設けられており、ヘルシンキ市のように、この制度を利用して市内の学校の教育成果を定期的に調査している自治体もある。

　調査後の情報公開は慎重に行われる。全体の分析結果は、報告書にまとめられて国家教育委員会から出版され一般に公開されるが、調査に参加した学校や生徒に関する情報は一切明らかにされない。結果報告においては、調査に参加した自治体や学校、生徒や関係者全体に悪い影響が出ないように十分配慮される。

　学力調査と学校監査は、一定の教育水準と教育環境を確保するために国が中心となって行う教育評価の代表的な手法であるが、その実施方法は国によって異なる。国家テストに基づく学校ランキングの公表と厳格な学校監査制度 により近年国際的に注目されているイギリスの教育評価は、フィンランドとは好対照をなしている。イギリスの方式については、学校ランキングを意識するあまり、国家テスト対策の校内テストが頻繁に行われ、授業編成もテスト教科に偏る傾向があるため、生徒の広範囲な能力の形成に望ましくないという見解（Rosenthal 2004）や、監査による強いストレス が、教師のモラール（熱意、士気）や専門家としての誇りと自信を低下させ、学校の発展性や創造性にマイナスの影響を及ぼした（McNess 1998）などのデメリットが報告されている。しかし、その一方、上記の評価手法を導入してから、低迷していた学力水準に改善が見られるなどの重要なメリットも報告されている（文部科学省　2005）。

　国状の異なるなか、教育の格差是正や質向上のアプローチの違いについて優劣はつけがたい。しかし、イギリスとフィンランドの異なる学校評価の手法を比較分析した Webb ら（1998）の研究では、生徒や保護者からのフィードバックを生かすシステムのあるフィンランドの方が、実際の授業法や学習環境の改善に効果があることが指摘されている。以下からは、その学校評価の手法について論説する。

（3）学校を基盤とする評価

　フィンランドが 1992 年に学校監査の制度を廃止したことは、ヨーロッパ諸国の中でも稀な措置である。筆者が面談した国家教育委員会のランポラ（Ritta Lampola）国際関係部長も、「フィンランドモデル」を視察しに来る教育関係者は一様に驚くと語った。

　しかし、制度が廃止される以前から、フィンランドの学校評価の制度は独自の方向を歩んでいた歴史がある。60 年代は、基礎教育では中央政府による学校監査が行われていたが、改善にむけてのガイダンスやカウンセリングが主な任務とされていた。1970 年に入ると、監査は中央政府から州政府の責任となり、名称も「カウンセリングとフォローアップ活動」と呼ばれるようになる。80 年代に入ると、学校を基盤とした評価（School-based evaluation）が主流となり（National Board of Education 1999）、学校を内部から開発していくという考えが教育現場で定着してきた。SWOTは、当時開発され現在も使用されている代表的な分析手法であり、長所（Strength）、短所（Weakness）、機会（Opportunities）、危機（Threats）の、各項目についての適切な質問を通じ、学校の状況を把握し改善方法を導き出すものである。

　分権化が本格的に始動した 90 年代に学校監査が廃止されてからは、学校評価は学校を基盤とした自己評価（School-based self-evaluation）とされた。評価報告書は、まず学区の教育委員会に提出され、次に自治体に提出されるので、学校は確実に自己評価を行い、教師も自己評価の重要性を認識している。評価のガイドラインとして、適切と思われるすべてのリソースを使うこと、学校のスタッフと地域のメンバーが参加することが薦められている。しかし、コアカリキュラムに則ってどのように決定し実施するかなど、詳細については現場の裁量に任せられている。

　国家教育委員会は、保護者を取り込んだ学校評価の重要性を強調している。学校を基盤とする評価において歴史が長く、その活動に定評があるヴィレンカリオ校（Villenkallio）では、保護者への質問調査が綿密に行わ

れており、学校目標や教育課程に関する保護者の意見聴取、カリキュラム
開発への参加は非常に重要とされ、決定にも影響力を持っている。学校で
は、毎年同じ内容の質問票が生徒を通して各家庭に届けられ、高い回収率
で回答されている。調査結果は、批判的な意見も含めて校長が要約し、学
校全体に関するものは全員で共有し、各授業やクラス運営に関するものは
各教師[3]に配布される。調査結果の示唆するところは学区の教育長と保護
者との会合でも協議される（Webb, ect. 1998）。

　このように、フィンランドにおける学校を基盤とする評価は、学校のみ
の閉鎖的なシステムではなく、保護者や地域から評価を受け、それを教育
活動に反映させる機能があり、学区の教育委員会、自治体、国家教育委員
会、また大学等との連携から成り立っている。保護者、地域、政府機関が
参加する協働システムがあり、その中心に学校が位置している。トップダ
ウン的な外部監査に頼るのではなく、学校自らが常に自己評価し、保護者
や地域からのフィードバックを日々反映しながら教育活動を持続的に発展
させるシステムである。

（4）学習能力の開発に重点を置く評価

　PISA 調査は、知識の習得度のみを調べるのではなく、新しい能力—習
得した知識や技能を社会や個人の生活で活用できる能力—をはかることを
試みており、PISA における好成績はフィンランドが知識のみでなくその
活用能力の育成に成功していることを表している。

　技術の進歩や労働環境の変化など、現代の生活を取り巻く環境は常に変
化している。新しい環境に上手に適応していくためには、人は生涯を通じ
て学習しつづける必要があり、そのように学習を進めていく能力は、個人
としての成長や社会人としての成功にとって中心的役割をはたす能力とし
て、フィンランドでは重要視されている（National Board of Education
1999）。

　生涯にわたり自己開発が続けられるように、自分自身を的確に評価し、

必要な学習計画が立てられる自己評価（Self-assessment）の能力は、学習上の重要な能力として、教育活動全般を通して育成が目指されている。国家コアカリキュラムにおいても、「生徒の自己評価能力の開発は基礎教育の目的の1つ」であり、「自己についての前向きな考えを発展させ、能力ある人間としての成長を促すもの」と提唱されている。また、「自己を評価し、他者にも価値を与える」という古いことわざに現れているように、フィンランドでは評価は相互作用であることが重要で、生徒は自分の知識や技能を評価できるとともに、他の生徒も的確に評価する能力が求められる。

　どのように指導していくかの詳細は教師の裁量に任されており、教師は生徒の年齢を考慮しながら内容を工夫している。ロホヤ市のテゥテゥリ校の場合、低学年の生徒は、頁数を限定されない自己評価レポートを毎週提出し、教師からのフィードバックや同級生の評価（Peer-assessment）を口頭や筆記によって受けとる指導が行われている。学年が進むと、教師はコースの始めに学習の最終目標と評価基準、各ユニットにおける目標と評価基準を生徒に伝え、生徒はそれに基づき各自の学習目標を設定し、達成度を定期的に評価するようになる。

　「評価討議（Assessment discussion）」は、基礎教育でも行われる集団での評価活動である。教師をはじめクラスメートが参加し、生徒は討議を進める過程で、目標を達成するために必要な知識や技能、能力や適性を理解し、自分の取り組みを明確にしていくことを学ぶ。また、自分の能力を実演し証明する機会や、協調性、コミュニケーションスキル、問題解決能力といった社会的なスキルを伸ばす機会にも使われている。指導する上で重要なことは、教師は生徒の間違いを指摘するのではなく、もっと違うやり方について考えるよう導くこと、また生徒が自分自身のやり方を発展させていくよう指導を与えることであり、生徒側もよりよい学習環境をつくるため、教師に対してフィードバックを行うことが期待されている。

　OECD 教育局指標分析課長のシュライヒャー氏は、PISA 調査によって

国際比較を試みている 2 つの重要な能力[4]のひとつとして、「協力し合い、チームで作業を進めたり、対立を解決したりする能力」を挙げている。1人で知識のすべてを習得することができない社会では、互いに知識をどのように共有しあうか、それをどのように活用し合うかといった、他者とうまく折り合う能力が重要となる（国立教育政策研究所　2004）。評価討議のような活動を通して、集団の中で自分のもつ知識や技能を活用しながら養われる実践力は、PISA が注目しているこの対人能力と通じている。

　技術進歩の著しい現在、新しい知識や技能を習得してもわずかな年月のうちに、また遅れたものとなってしまう。フィンランドでは、自己評価の活動を通して、前向きに学習を発展させていく能力、他者と協力しながら集団のなかで知識と技能を活用していく能力の育成が、義務教育の段階から図られている。

4.　評価に基づく学習支援制度

（1）能力の異なる学習者への対策

　教育評価によって、学習上の課題が明らかになっても、問題に合わせた適切な支援が行われなければ改善にはつながらない。フィンランドでは、学校は能力の異なる学習者を教育するための明確な戦略をもち、生徒の状況に応じて適切な支援を提供できるシステムを教育課程の中に組み込んでいる。

　統合教育（Integration）の徹底したフィンランドでは、障害の有無や程度に関わらず、同じ学校で卒業まで教育を受けることが保障されている。学校は生徒の抱える問題を早期に発見し、適切な特別教育によって早期に対応していくことが法律（Comprehensive Instruction Law）で定められており、特別教育もサポートを必要とするすべての生徒を対象とする構造になっている。

　特別教育には 3 つ段階が用意されている。第 1 段階の補習授業

（Remedial teaching）は、病欠などで学習機会を逸した生徒や、学習困難を生じている生徒に対し、担任（または教科）の教師が就業時間内もしくは時間外に行っている。これは成績が低迷する前に実施することが肝心とされ、教師から提案する場合と、保護者が要求してくる場合があるが、いずれの場合も保護者の協力と承認を必要とする。

　次にくるパートタイム特別教育（Part-time special needs education）とは、第 1 段階よりも問題が進んでいる場合、または軽い学習障害が認められる場合に、1 週間に 2〜3 時間の割合で実施される教科別の特別教育である。授業は少人数制で、特別教育に関する知識と経験を持つ専門の教師と教科担当によるティームティーチングで行なわれる。必要と認められた場合、IEP（Individual Education Plan）と呼ばれる個人用の教育計画が作成される。IEP の作成では、本人を含む保護者、教師、専門家が話し合い、国家コアカリキュラムに則った上で生徒個人用に調節した AO（Adjusted Objectives）と呼ばれる学習目標が設定され、生徒の状態を考慮した教育と評価が始められる。

　特別教育の第 3 段階は、複数の学習障害や身体的精神的ハンディキャップを持つ生徒、また社会的に保護を必要とする生徒（Student at risk）を対象とする教育である。この段階の生徒にはすべて、IEP が作成され、それに則した教育と評価が行われる。

　表 2 は、2005 年度にパートタイム特別教育をうけた義務教育段階の生徒の数と項目ごとの割合を示したものである。2005 年にパートタイム特別教育を受けた生徒は合計 122,248 人であり、これは義務教育の全就学者数の 21.9％にあたる。つまり、パートタイム特別教育だけでも 5 人に 1 人が受けたことになる。

　このように、フィンランドでは生徒の学習の遅れや成績低迷へのサポートが、個々の教師の責任に任されるのではなく、学校における教育課程の一部として制度化され、外部の専門家や行政も参加した学習支援のシステムがある。生徒や保護者側にとってもサポートを受けることは特別なこと

表2 パートタイム特別教育の内訳（2005年度）

問題の種類	生徒数	割合
話すこと	20,671	15.9%
読み書き	56,527	43.5%
数学	24,576	18.9%
外国語	12,006	9.2%
情緒面・社会性の面	6,726	5.2%
その他	9,442	7.3%
合計	129,948	100%

（出所）National Board of Education（2007）

ではなく、学習上のつまずきを克服できる機会と受けとめられている。統合教育であると同時に、個別化の進んだ学習機会も与えることで、生徒の多様性に対応し、生徒間の学習格差の広がりを防いでいる。

（2）システムを支える教師資質の高さ

フィンランドでは、教師の資質を向上させる取り組みが60年代から継続的して行われている。特に、1975年には当時の大学改革に伴い、採用資格は学士号から修士号へと改められ、教職やカウンセラーなどの教育専門家になるために必要な授業単位数や実習時間数は大幅に増加[5]された。これにより、1980年代の半ばからフィンランドの教育は、高度な専門的知識と訓練を修了した教師によって支えられるようになった。教職は将来を担う世代を育てる重要な仕事、高度な専門職と考えられており、教員養成学部への志願者は多い。しかし、実際に合格し入学できるのはわずか10％と狭き門であり、数多くの候補者の中から優秀でやる気もある人材が選抜されていることがわかる。

なぜ教職人気が高く、優秀な人材が集まりやすいか。国家教育委員会の職員の中にも様々な意見がある。ハリネン（Irmeli Halinen）義務教育課長は、Independenceのある職業、創造性を生かしながら社会に貢献できる職業であることが大きな魅力としている。コイヴラ（Pirjo Koivula）特別教育シニア・アドバイザーは、社会における教育の位置づけの高さを挙げ、高く評価される教育という仕事に関われることを挙げている。カルッ

キネン（Pia Kalkkine）シニア・アドバイザーは、男女共に働きやすい環境が整備されていることを挙げている。つまり、現場に決定権があり、教師の裁量で多くを決定できるので、自由で創造的な仕事ができること、社会的に高く評価される仕事であること、また約 2 ヶ月の夏休みなどの待遇も魅力として教職人気の背景にあると言える。

　今回の調査でお世話になったランポラ国際関係部長をはじめ上記の国家教育委員会職員の 3 名とも教職出身者であるように、フィンランドでは教師として実績を積んだ後、教育行政の役職についてカリキュラムの作成や教育評価の開発などに携わることも少なくない。このようなキャリア面での発展は、現場と行政の相互理解を深め、教育システムの運営上にプラスであるとともに、フィンランド社会における教師という職業の専門性の高さを証明している。それは教職の社会地位や人気の高さを支え、さらに優秀な人材をあつめる要因ともなっている。

4.　まとめ

　本稿は、地方分権化後のフィンランドの教育評価に着目し、PISA で証明された優れた教育成果―高い教育水準と少ない教育格差そして知識基盤型社会における成功の鍵となる能力の育成―の実現を支える教育評価の 4 つの主要因を指摘するとともに、評価に基づく独自の学習支援体制についても言及した。

　主要因の要約は以下の通りである。①評価の標準化：国家コアカリキュラムによって到達すべき教育基準を明示することで、各学校が自治を発揮しながらも一定の教育水準に到達することを促し、学校間の教育格差を防止している。②サンプル調査による学力評価：教育開発を目的とし学校ランキングは作成しない。時間、費用、労力の面で負担の少ないサンプル方式によって効率的に学力格差の現状把握をし、迅速に問題に対処している。③学校を基盤とした自己評価：学校を中心とした保護者、地域、政府

や大学等が参加する協働システムがある。学校は自己評価を行い、保護者・地域からのフィードバック、政府や専門家等からの協力に基づき、教育活動を発展させている。④自己評価による能力開発：個人及び集団での自己評価活動を通し、学習を前向きに発展していく能力、知識・技能を活用する能力を育成している。

　また、生徒の学習上の問題を早期に発見し早期に対処する仕事が個々の教師の努力に任されるのではなく、評価及びその後の学習支援体制として、学校の教育課程に組み込まれている。このことは、各学校での「落ちこぼれ」を防止するだけでなく、国全体の学力の底上げと学力格差の縮小を支えるシステムの一部としても機能している。

　地方分権化によって中央の権限が委譲され、学校監査も廃止された90年代以降、教育評価はフィンランドの教育システムを適切に運営していく上で重要な役割を担うようになった。Rinne ら（2002）はその状況を、“Planning State” だったフィンランドが “Evaluative State” になったと表現している。

　3章の表1に示されるようにフィンランドの教育評価は多層からなるシステムである。上記の4つの主要因を各レベルに分類するならば、①と②は国家教育委員会の任務であり、③は地方、自治体及び学校を網羅するもの、④は教師と生徒により実施されるものである。教育システムに関与するアクターを分類すると、政策立案者（中央政府または国家教育委員会、地方政府、自治体）、教育提供者（学校、教師など）、クライアント（生徒、保護者など）の3者に分けられる。フィンランドでは、これらのアクターが、上記のように分担された評価の役割を、各レベルにおいて適切に果たし、教育評価を機能させていることが、教育システムの適切な運営を助け、高い教育成果の実現を支えていると考えられる。分権化における成功の鍵として、財政状況、行政責任の分担、地方の能力の3つの分野が指摘される（World Bank 2003）が、フィンランドの場合、予算状態は比較的良く、評価における役割分担が明瞭であること、教育のリーダである教師

が高い資質を有していることは、分権化後の教育評価が機能する上でプラス要因であろう。また、教育を重んじる気風や平等の精神、信頼の文化が社会に存在していることもよい土壌である。

5.　おわりに

　グローバル化の進展と経済競争の高まりは、フィンランド社会の有り様に影響し、今までになかった状況を生み出しつつある。リンドルース（Kirsi Lindroos）国家教育委員長は、これまでは生徒の成績と社会経済的背景に関連性は認められなかったが、最近は大都市の学校でこれらの要因間に関連が認められる傾向があり、今後はこのような現象への取組みが重要になってくると語った。都市への移住や移民の増加など福祉国家フィンランドを取り巻く環境は変わりつつある。教育における平等を第一に掲げ、独自の取り組みによって高い教育成果を生み出してきたフィンランドが、社会の変化のなかで教育システムの舵取りをどのように進めていくのか今後とも注目していきたい。

注）
（1）　国全体における教育の機会均等や質を保障するため、コアカリキュラムに沿って活動することを求められる。フィンランドでは自治体や学校は地域性やニーズを考慮して自分たちでカリキュラムを開発しているが、コアカリキュラムのガイドラインに基づいて自治体は概要の、各学校はより具体的な学校独自のカリキュラムを作成している。各自治体や学校現場による教員研修、出版社による教科書・教材の作成もコアカリキュラムに則って行われる。
（2）　国家教育委員会は、1991 年に一般教育委員会と職業教育委員会の 2 つが統合されてできた組織。教育法や政府の決定やコアカリキュラムの枠組みに基づき、大学や機関研究機関と協力しながら、教育評価の開発・推進を担当する。
（3）　教科指導、生徒とのコミュニケーション、学習環境など教育活動全般について、教師は保護者から様々なフィードバックを与えられる。
（4）　もうひとつは「言葉や記号を駆使し、テクノロジーを活用し、相互に働き

かける能力」。
（5）1 単位につき 40 時間（1 週間）の受講を 160 単位以上履修することが義務
付けられた。実習時間数についても、例えば小学校の担任資格を取るには 300
時間以上が必要となった。

参考文献
苅谷剛彦・増田ユリア（2006）『欲ばりすぎるニッポンの教育』、東京：講談社
国立教育政策研究所（2004）生きるための知識と技能 2 』OECD 生徒の学習到
　　達度調査（PISA）2003 年調査国際結果報告書、ぎょうせい
国立教育研究所編（2004）『日本の教育がみえる　教育インディケーター事業
　　（INES）と生徒の学習到達度調査（PISA）2000 年調査結果から掘り下げる日
　　本の教育の現状』、プリカ
総務省（2006）『世界の統計』、総務省統計研修所統計データセンター
保坂裕子（2006）「フィンランドにおける学校と教育システム—活動理論的分
　　析」、『CHART Technical Reports No.2』関西大学人間活動理論研究セン
　　ター、pp.79-92
ハラール・ボルデシュハイム、クリステル・ストールバリ（1995）『北欧の地方
　　分権改革』大和田建太郎・小原亜生・廣田全男訳、東京：日本評論社
文部科学省（2005）中央教育審議会　義務教育特別部会（第 4 回）議事録・配
　　布資料
山中秀幸（2003）「イギリスにおける公共サービス視察制度の比較研究」、『日本
　　評価学会』、3（1）: 89-97
Aho, E., Pitkanen, K., and Sahlberg, P.（2006）. *Policy Development and Reform
　　Principles of Basic and Secondary Education in Finland since 1968.*
　　Washington, D.C.: World Bank.
Finnish Education Evaluation Council.（2005）. *New Directions in educational
　　Evaluation - Evaluation program 2004 — 007.* Helsinki: Finnish Education
　　Evaluation Council
McNess, E.（1998）. "A Comparative Analysis of Curriculum Change in
　　Primary Schools in England and Finland." *Comparative Education,* Oxford,
　　34（3）, 352-353.
National Board of Education.（1999）*A Framework for Evaluating Educational
　　Outcomes in Finland.* Helsinki: National Board of Education.
National Board of Education.（2002）*Assessing Learning-to-Learn.* Helsinki:

National Board of Education

National Board of Education. (2007). *Special Features of the Finnish Education System*. Helsinki: National Board of Education.

Rinne, R. (2000). "The Globalization of Education: Finnish Education on the Doorstep of the New Millennium." *Education Review*, 52 (2): 131-142.

Rinne, R., Kivirauma, J., and Simola, H. (2002). "School of Revisionist Education Policy or Just Slow Readjustment? The Finnish Case of Educational Reconstruction." *Journal of Education Policy*, 17 (6): 643-658.

Rosenthal, L. (2004). "Do School Inspections Improve School Quality? Ofsted Inspections and School Examination Results in the UK." *Economics of Education Review*, 23: 143-151.

Webb, R., Vulliamy, G., Hakkinen, K., and Hamalainen, S. (1998). "External Inspection or School Self-Evaluation? A Comparative Analysis of Policy in Primary Schools in England and Finland." *British Educational Research Journal*; Oxford, 24 (5), 539-55

World Bank. (2003). *World Development Report 2004*. Washington, D.C.: Oxford Press.

あとがき

　筆者と英語の出会いは中学校での英語の時間である。英語の音声が魅力的で、毎朝 NHK のラジオ英語講座も聞いていた。その後幾星霜を経て、長期にわたり外国で働き生活する時期を過ごした。仕事の場で、友人達との語らいで、ノンネイティブならば誰でもそうであろうが、もっと自在に英語を使えたらと思うことは少なからずであった。しかし、この思いは英語教育に携わる身にとって今でも良い原動力になっている。外国語習得の道は平坦ではないが、英語を通して確実に世界は広がる。日本語だけでは出来ない経験を得て、より広い視野に導いてくれる。他の外国語を学ぶ時も、英語の知識は基盤となってくれる。日本の教育予算は先進諸国に比べ少なく、クラス人数も多く、決して語学教育に恵まれた環境とは言えない。英語が必修化された小学校で、実り多い英語教育が展開されることを願ってやまない。

　本書は 2 部で構成した。第 1 部は、小学校英語教育における指導の工夫として 4 篇を収めた。日本語環境のなかで、外国語として英語を習得するためには、学校での授業を基礎として、学習者自身が主体的かつ持続発展的に英語を学んでいくことが大切である。小学校英語教育においては、まず英語への興味関心を育て、習得への意欲付けとなるような学びを展開すること、そして自分にとって効果的な学習方法を見出すよう導くことが重要である。

　第 2 部は社会的課題として、学齢期の英語学力と社会経済的背景の関連性について扱った。グローバル化の現代、世界共通語である英語の運用能力は、進路形成や将来の選択肢に少なからぬ影響を与える要因である。教育の公正さ（equity）は適切に守られているのだろうか。データから現状を探り、英語教育における格差拡大の懸念を指摘した。第 6 章は、フィン

ランドにおける高い教育水準と少ない学力格差、そして特別な支援を支える仕組みについて、現地調査をもとに報告している。調査の際、国家教育省の職員や学校関係者達から共通して話された言葉がある。「資源の少ないフィンランドでは、人材こそが資源。だから教育はとても重要なのです。」と。筆者が小学生の頃、この言葉をよく耳にした覚えがある。当時に比べ、日本の国際的な地位は高まったが、国内の社会的課題はまだ解決を待っている。

　溪水社社長木村逸司氏、営業部木村斉子氏に対し、厚く御礼申し上げる。本書の刊行に道を拓いて下さり、編集過程では貴重なアドバイスを頂いた。広島の地で、長きにわたり学術研究書の出版に携わってこられた溪水社から、論文集を出版できたことは望外の喜びであり、改めて感謝の意を表したい。

　令和5年10月

著　者

索　引

著者略歴

戸谷　敦子（とや　あつこ）（旧姓：戸井　敦子（とい　あつこ））

東京工業大学大学院社会理工学研究科修了　学術博士
広島市立中学校英語科教諭、世界銀行コンサルタント、お茶の水女子大学講師
をへて現職
広島都市学園大学子ども教育学部准教授

英語教育とその社会的課題

——小学校英語教育を主軸に——

2024（令和6）年1月25日　発行

著　者　戸谷　敦子
発行所　株式会社溪水社

広島市中区小町1-4（〒730-0041）

電話 082-246-7909　FAX082-246-7876

e-mail : contact@keisui.co.jp

URL: www.keisui.co.jp

ISBN978-4-86327-641-3 C3082